¿Qué significa ser **elegido**?

The CHOSEN

Un estudio bíblico interactivo

Temporada 1

¿Qué significa ser **elegido**?

Amanda Jenkins, Dallas Jenkins y Douglas S. Huffman

DAVID C COOK®
transforming lives together

¿QUÉ SIGNIFICA SER ELEGIDO?
Publicado por David C Cook
4050 Lee Vance Drive
Colorado Springs, CO 80918 EE.UU.

Integrity Music Limited, una división de David C Cook
Brighton, East Sussex BN1 2RE, Inglaterra

ISBN 978-0-8307-8649-7

El equipo: Michael Covington, Stephanie Bennett, Jack Campbell, Susan Murdock
Diseño de portada: James Hershberger

Equipo de traducción y revisión: Carla Serratos, Tomas Chapman, Zulma Fontánez e Ismael Infante

Impreso en los Estados Unidos de América
Primera Edición en español 2024

1 2 3 4 5 6 7 8 9 10

121923

ÍNDICE

PREFACIO

Consideramos que este estudio bíblico no será como otros que conozcas. La mayoría de los estudios con contenido de video se basan en conferencias cuya enseñanza se centra en un tema específico o en una porción de las Escrituras. Sin embargo, este estudio bíblico fue diseñado para leerse junto con *The Chosen*, la innovadora serie de televisión sobre la vida de Jesús. Cada sesión gira alrededor de un episodio del programa, dándole vida al Antiguo y Nuevo Testamento de una manera fresca.

Para aprovechar al máximo el programa y el contenido que hemos recopilado, tenemos algunas sugerencias y algunas personas que deberías conocer. Estos personajes fungirán como nuestros representantes, introduciéndonos a la historia de Jesús y ayudándonos a descubrir más de nuestras propias historias.

Pero no nos adelantemos.

¿Para quién es este estudio?

Para ti.

Y para nosotros.

Porque, ya sea que apenas comiences tu caminar con Jesús o lleves décadas, ser elegido tiene implicaciones de gran alcance y aplicaciones infinitas, especialmente en una época en la que los problemas de identidad están a la vanguardia de la cultura, y la inseguridad, la confusión y el anhelo de un propósito parecen dominar.

¿Cómo se tiene que usar?

Grupal/Individual

Diseñamos este estudio para grupos pequeños que desean contenido inigualable y buenas discusiones pero también funciona para el estudio individual. En cualquier caso, se debe ver el episodio correspondiente a cada lección *antes* de leer el material.

Recapitula

Cada lección termina con un "Enfoque de la oración" y sugerencias para un "Estudio adicional" que puede utilizarse durante la semana para profundizar aún más en las Escrituras.

Preguntas de discusión

Cada lección contiene diez preguntas que te llevarán de un nivel introductorio a uno exploratorio, uno participativo y a uno práctico. ¡Tantos niveles!

Citas bíblicas

Los versículos de la Biblia en este estudio provienen de la edición Reina-Valera 1960. La RV60 es una traducción clásica y una excelente herramienta para estudiar minuciosamente las Escrituras. Pero, sin importar la traducción bíblica que utilices, te animamos a obtener más contexto buscando los versículos recomendados por tu propia cuenta.

Cosas útiles para saber

Si hay alguna abreviación, palabra o frase que no entiendas, fíjate en los márgenes, donde hemos traducido la mayoría de nuestro "lenguaje cristiano".

Cosas útiles para ver

Hemos incluido una cronología del Antiguo Testamento, así como algunos mapas que te ayudarán a visualizar el panorama general. Son realmente geniales.

Cronología de hechos bíblicos en el contexto histórico mundial

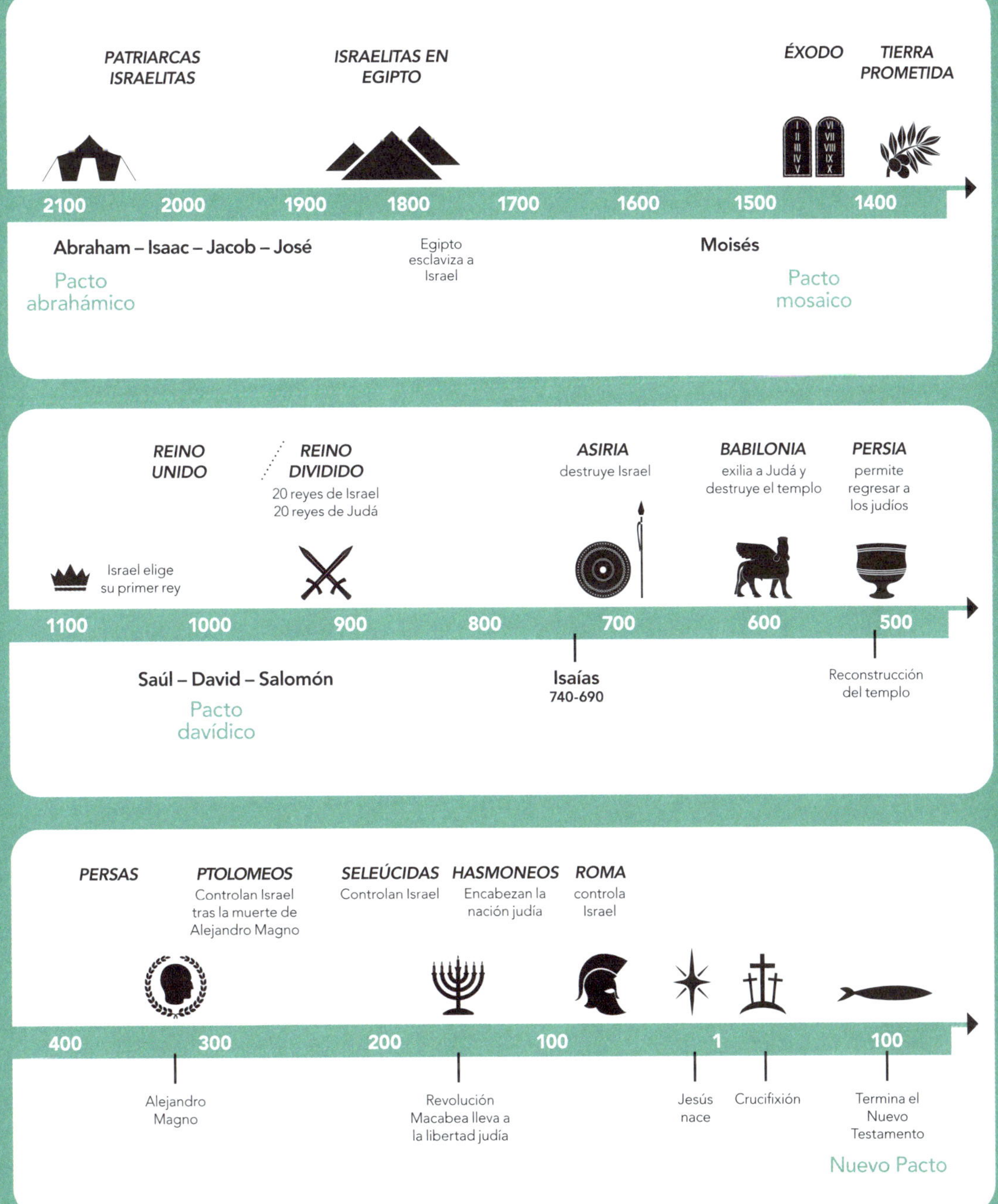

ARAM
FENICIA
Dan
ASIRIA
Manasés
Aser
Neftalí
Zabulón
Mar de Galilea
Isacar
Mar Mediterráneo
Río Jordán
Manasés
Gad
Efraín
AMÓN
Dan
Benjamín
Rubén
BABILONIA
Judá
FILISTEA
Mar Muerto
MOAB
Simeón
EDOM
ISRAEL EN EL ANTIGUO TESTAMENTO Y SUS VECINOS
MOAB – naciones extranjeras
Rubén – asentamientos tribales israelitas
– división norte/sur a partir de 930 a. C.
Escala en millas
0 5 10 15 20 25 30
EGIPTO
N
O E
S

Sidón
ABILENE
Mte. Hermón
FENICIA
Cesárea de Filipo
Tiro
Iturea
Traconite
Bitinia
Lago Semeconitis
GAULANITIS
GALILEA
Tolemáida
Capernaúm
Betsaida
Caná
Gerasa
Auranitis
Mar Mediterráneo
Séforis
Mar de Galilea
Mte. Carmelo
Tiberias
Nazaret
Mte. Tabor
Gadara
Naín
DECÁPOLIS
Cesarea
Escitópolis
Río Jordán
Sebaste/Samaria
Gerasa
Mte. Gerizim
Antípatris
PEREA
SAMARIA
Jope
Filadelfia
Arimatea
Lod
Jericó
Jerusalén
Betania
Mádaba
Asdod
Belén
Qumrán
Ascalón
JUDEA
Maqueronte
Hebrón
Gaza
Mar Muerto
En Guedi
IDUMEA
Masada
Beerseba
Caracmoba
NABATEA
NABATEA
ISRAEL EN LA ÉPOCA DEL NUEVO TESTAMENTO
GALILEA – regiones geopolíticas
Cesarea • – ciudades
Escala en millas
0 5 10 15 20 25 30
N
O E
S

CONOCE A LOS PROTAGONISTAS

María Magdalena

"...María, a la que llamaban Magdalena y de la que habían salido siete demonios...".

Lucas 8:2

Con tantas mujeres en la Biblia llamadas María, esta se diferenció por su pueblo natal, Magdala, uno de varios pueblos pesqueros junto al mar de Galilea. Lo que el Nuevo Testamento (NT) nos dice de ella es que antes de conocer a Jesús era una mujer atormentada, poseída por siete demonios. Por cierto, el apodo de María en el episodio 1 fue "Lilit", que viene de un antiguo término del Medio Oriente que significa "demonios femeninos" o "espíritus del viento". Solo Jesús fue capaz de sacarlos, y María de Magdala se convirtió una de Sus seguidoras más devotas.

En una cultura que consideraba a las mujeres menos valiosas que los hombres, María se volvió un miembro importante del equipo.

1. Era parte de los discípulos que viajaron con Jesús y apoyaron económicamente Su ministerio (Lc. 8:1–3).
2. Estuvo presente en Su crucifixión y Su sepultura (Mt. 27:56–61).
3. Fue la primera en presenciar la tumba vacía (Jn. 20:1) y en reconocer al Jesús resucitado (Jn. 20:11–18; Mt. 28:1; Mc. 16:1–6).

Y ella se lo dijo a los varones.

Nicodemo

"Había un hombre de los fariseos que se llamaba Nicodemo, un principal entre los judíos".

Juan 3:1

Fue un destacado fariseo en el judaísmo del primer siglo y miembro del Sanedrín, el consejo gobernante de los judíos (Jn. 3:1). Tenía influencia en todas las áreas de la sociedad dado que el sistema religioso judío fijaba las leyes políticas, culturales y sociales del territorio. Los fariseos eran muy respetados, creían en Dios y en Su palabra de manera conservadora, y a menudo eran laicos devotos a la vida pura y a la adoración en la sinagoga. Por otro lado, los sacerdotes relacionados con las prácticas oficiales del templo en Jerusalén tenían más probabilidades de ser miembros del partido saduceo, y solían estar aliados con el gobierno romano. Por eso Quintus (el líder romano ficticio que interactúa con Nicodemo en el episodio 1) comenta que los saduceos son los enemigos de los fariseos (Hch. 23:1–10).

Aunque la mayoría de los líderes religiosos negaron la afirmación de Jesús de ser el Hijo de Dios, Nicodemo fue uno de los pocos influyentes que admitió lo que significaban Sus milagros y enseñanzas sobrenaturales: que Jesús venía de Dios (Jn. 3:2).

Había varios grupos dentro del judaísmo:

Los fariseos:
eruditos que interpretaban la Ley y las tradiciones orales al pueblo. Ligados a las sinagogas locales, y muy respetados por la gente común. Creían en el más allá.

Saduceos:
aristocracia religiosa profesional ligada al templo, comprometida solo con la ley escrita. Resignados a someterse al dominio romano. No creían en el más allá.

Esenios:
separatistas que vivían en varias comunas enfocadas a la oración, la vida santa y el futuro. No se mencionan directamente en el Nuevo Testamento.

Zelotes:
activistas políticos organizados para rebelarse contra Roma y contra los líderes judíos que cooperaban con Roma.

Mateo

"Pasando Jesús de allí, vio a un hombre llamado Mateo, que estaba sentado al banco de los tributos".

Matthew 9:9

A Mateo también se le conocía por su nombre hebreo, Leví (Mc. 2:14; Lc. 5:27). Recaudaba impuestos en nombre del Imperio Romano, por lo cual era un traidor para sus compañeros judíos. Parecía indiferente a su sufrimiento y el deterioro de sus relaciones y su reputación.

El puesto de recaudación de Mateo se encontraba en el pueblo galileo de Capernaúm, el cual fue el lugar natal del ministerio de Jesús. Estar cara a cara con el predicador–hacedor de milagros destrozó la lealtad de Mateo a Roma y su apatía hacia los demás. Después se volvió uno de los discípulos de Jesús, autor del primer libro que aparece en el Nuevo Testamento y un fiel seguidor por el resto de su vida (Mt. 10:3).

Simón (conocido como Simón Pedro)

"Andando Jesús junto al mar de Galilea, vio a dos hermanos, Simón, llamado Pedro, y Andrés su hermano, que echaban la red en el mar; porque eran pescadores".

Mateo 4:18

Sabemos que Simón Pedro vivía en Capernaúm (Mc. 1:21–29), donde trabajaba como pescador con su hermano Andrés (Mt. 4:18; Mc. 1:16), y que estaba casado (Mt. 8:14; Mc. 1:30; Lc. 4:38). Se describe a Simón en el Nuevo Testamento como un hombre demasiado confiado que pensaba que podía ganarse su valor y que solía hablar sin pensar (Mt. 16:21–23; 26:31–35, 69–75). De hecho, el evangelio de Lucas resalta un momento así al comentar "no sabiendo lo que decía" después de algo que Simón dijo (Lc 9:33).

A pesar de todo, Jesús lo llamó a seguirle (Lc. 5:1–11) y fue paciente con él (Lc. 22:31–32). Simón Pedro se convirtió en un líder clave entre los doce apóstoles (Hch. 1–12), un predicador fundador de la iglesia primitiva (Mt. 16:18), el escritor de dos libros de la Biblia en el Nuevo Testamento (1 y 2 Pe.), un sanador de enfermos y cojos (Hch. 5:15) y valiente hasta la muerte (Jn. 21:15–19).

Aunque nuestro acercamiento en este estudio bíblico se basa en los personajes y está íntimamente conectado a la serie de televisión *The Chosen*, esperamos que los lectores se conecten con Jesús más profundamente. Después de todo, Jesús —el que fue anunciado en el Antiguo Testamento y afirmado en el Nuevo— es el que nos elige. Y cuando lo vemos a través de los ojos de los que realmente lo conocieron —aquellos que llamó mientras ministraba sobre la tierra— podemos ser transformados e impactados de la misma forma que ellos.

Lo cual plantea la pregunta: ¿Qué significa ser elegido?

Amanda Jenkins, Dallas Jenkins y Doug Huffman

INTRODUCCIÓN

Antiguo y Nuevo

¿Por qué estudiar un pasaje del libro de Isaías del Antiguo Testamento si la vida de Jesús se narra en el Nuevo? Buena pregunta. **¡Porque lo que llamamos "Antiguo" fue la única Biblia que Jesús usó!** De hecho, el Nuevo Testamento aún no se escribía cuando Jesús estuvo en la tierra, porque es el testimonio de Su vida y la de Sus seguidores elegidos.

Naturalmente, la serie de televisión *The Chosen* se basa en los cuatro Evangelios del Nuevo Testamento; pero destaca la frecuencia con la que el programa hace referencia al Antiguo mediante citas, alusiones o "flashbacks", ya que la historia de Jesús y la profunda necesidad de la humanidad por Él comenzó en la creación (Gn. 3:15). Así, los hilos que enlazan las historias desde el Antiguo Testamento hasta el Nuevo son intricados, profundos, y también geniales.

De hecho, la nación escogida por Dios del Antiguo Testamento, Israel, es un trasfondo importante para lo que Jesús hizo cuando eligió a Sus seguidores en el Nuevo. Por ejemplo, de Sus muchos seguidores llamados "discípulos", Jesús eligió a doce para ser líderes, a quienes llamó "apóstoles" (Lc. 6:12–17). El número *doce* refleja las doce

---

Antiguo Testamento (AT): es la primera gran sección de la Biblia; es el testimonio de la relación de Dios con la nación de Israel y Su plan de salvación para toda la humanidad, escrito por Sus representantes de entre el pueblo de Dios antes del nacimiento de Jesús.

Nuevo Testamento (NT): es la segunda gran sección de la Biblia; es el testimonio de la vida de Jesús y sus implicaciones para toda la humanidad, escrito por aquellos que lo conocieron más personalmente.

Los "discípulos" de Jesús son personas dedicadas a seguirle, y Jesús tuvo multitudes de discípulos durante Su ministerio terrenal (¡y millones más desde entonces!).

Los "apóstoles" fueron doce de los discípulos de Jesús que eligió para ser líderes entre el resto de Sus discípulos.

---

tribus del Israel del Antiguo Testamento, y sirve como una clara indicación de la intención de Jesús de restablecer el pueblo de Dios.

Y eso no es todo. **Innumerables puntos dan continuidad** entre el Antiguo Testamento y el Nuevo Testamento. Pero no nos adelantemos.

La historia de Israel es un gran drama que incluye aventuras y exploraciones, éxitos y fracasos, romances y rebeliones, guerras y desastres, devastaciones y rescates. Consideremos este discurso de Simón, en el episodio 4. Aunque proviene de un lugar de ira, frustración y desesperación —y las acusaciones son inmerecidas—, la historia es correcta:

> "Y haré tu descendencia tan numerosa como las estrellas en los cielos...". ¿Y luego qué, eh? Hacer a los elegidos tan numerosos como las estrellas, ¿solo para dejar que Egipto nos esclavice por generaciones? Sacarnos de Egipto y abrir el mar Rojo, ¿solo para dejarnos vagar por el desierto 40 años? Darnos la tierra, ¿solo para exiliarnos en Babilonia? Traernos de vuelta, ¿solo para ser aplastados por Roma? ¡¿Este es el Dios al que he servido fielmente toda mi vida?! ¿Eres el Dios al que se supone debo agradecer? ¿Sabes? Si no lo supiera, diría que disfrutas tratarnos como cabras y no puedes decidir si somos elegidos o no. ¡¿Cuál de las dos es, eh?!

Digámoslo de una forma más precisa. Dios rescató a Israel una y otra vez, a pesar de su constante rebelión contra Él. Pecaron hasta terminar esclavizados (Egipto), sufriendo (el desierto) y exiliados (Babilonia), y cada vez el rescate de Dios les recordaba que eran Su pueblo amado y elegido. Una y otra vez fueron perdonados y restaurados, apartados y protegidos, provistos y amados, guiados diariamente en la tierra y asegurados de que pasarían la eternidad con Él en el cielo.

Fueron elegidos.

Lo que Simón no entendía era que él y su pueblo estaban a punto de ser rescatados de nuevo, no como lo esperaban, sino de una forma que cambiaría sus vidas —y el mundo entero— de forma radical y permanente. Porque ligadas a la fidelidad comprobada de Dios hacia Israel están las profecías y promesas sobre un Mesías venidero que extendería el título de "elegidos" a todos los que respondan a Su llamado.

Mesías: el libertador prometido de la nación judía (o "Salvador").

Eso somos nosotros. Somos el pueblo elegido por Dios.

El título de la serie, *The Chosen*, hace referencia a varias cosas, incluida la nación elegida por Dios, Israel, y todos a quienes Jesús elige. Pero ¿qué significa *realmente* ser elegido? Para contestar esto, iremos al Testamento "de la vieja escuela". El cual nos llevará de vuelta al Nuevo.

Y eso nos llevará directamente a Jesús.

Tu turno

1. ¿Qué tan familiarizado estás con la Biblia y sus dos grandes divisiones: el Antiguo Testamento y el Nuevo Testamento? ¿Qué piensas o esperas de ellos?

2. ¿Qué sabes sobre las conexiones entre el Antiguo y el Nuevo Testamento? ¿Cómo figura Jesús en esas conexiones? (*Spoiler*: lee Lucas 24:44).

3. ¿Cuánto de la Biblia realmente has leído? ¿Qué parte(s) te atrae(n) más, y por qué? ¿Qué parte(s) evitas, y por qué?

4. ¿En qué piensas cuando escuchas las palabras "elegido por Dios"? ¿Te parece una idea reconfortante? ¿Confusa? ¿Misericordiosa? ¿Injusta? ¿Dadora de vida?

¿Todas las anteriores y algo más?

Contexto del AT

La historia bien conocida de Moisés, los israelitas y su éxodo de Egipto es una que en realidad se ha repetido desde el principio de los tiempos. No lo de las plagas. Ni la partición del mar Rojo. Ni el caminar por el desierto durante cuarenta años. Esos detalles increíbles son únicos a su tiempo y lugar en la historia; pero la tendencia humana de elegir el pecado por encima del plan y propósito de Dios ha permanecido firme desde el jardín del Edén.

Se ve algo así:

El ciclo del pecado

El plan de Dios
es bueno, asombroso, amoroso, y es por nuestro bien y para Su gloria.

Nos desviamos
del plan de Dios al pecar y seguir nuestros propios deseos.

Necesitamos ser rescatados
del pecado y de las consecuencias de nuestras malas decisiones (las cuales no son buenas, ni asombrosas, ni amorosas, ni para nuestro bien, ni para Su gloria).

Nos arrepentimos
de nuestro pecado, y Dios se muestra dispuesto, capaz y fiel para perdonarnos y rescatarnos.

Recibimos el perdón
y nuestra relación con Dios se restaura. Renovamos nuestro compromiso de rendirnos ante el plan de Dios.

Pecamos
y nos rebelamos. De nuevo.

Y así sucesivamente. En cada historia del Antiguo Testamento, vemos que se desarrolla ese patrón y que las circunstancias alrededor de la redacción del libro de Isaías eran más de lo mismo. Los israelitas se encontraban de nuevo en un ciclo de pecado. Dios rescató a sus ancestros del faraón y los guio por el desierto con una nube de día y una columna de fuego de noche (Ex. 13:21); es decir, Él fue su mapa. Él los alimentó: cada día apareció comida en el suelo y salió agua de una piedra (Ex. 16:4–5; Nm. 20:7–8). Dios derrotó ejércitos que se opusieron a Israel y los estableció en la tierra que les había prometido (Jos. 1–24). Durante todo ese tiempo, generación tras generación clamaba, se quejaba y desobedecía al Dios que los eligió. Hacían demandas y desobedecían a los planes de Dios, y todo empeoraba exponencialmente.

Veamos Isaías.

En realidad sabemos poco del profeta Isaías. El libro del AT que lleva su nombre comienza con esta introducción: "Visión de Isaías hijo de Amoz, la cual vio acerca de Judá y Jerusalén en días de Uzías, Jotam, Acaz y Ezequías, reyes de Judá" (Is. 1:1), y nos dice algunas cosas de él.

ca.: es la abreviatura de la palabra latina *circa*, que significa "aproximadamente".

- Era hijo de Amoz (Is. 1:1), de quien no sabemos nada más con certeza. La tradición judía sugiere que Amoz era el hermano de Amasías, rey de Judá (ca. 798–769 a. C.), lo cual pondría a Isaías en el linaje real (pero no nos cites en este dato).

- Era un profeta de Judá, el reino israelita del sur (Is. 1:1).

Nota: en el año 930 a. C., después del reinado del rey Salomón, la nación de Israel se separó en dos reinos cuando las tribus del norte no aceptaron a Roboam (hijo de Salomón) como su rey. Los dos reinos perduraron como naciones separadas por el resto de sus historias, y ambos sufrieron bajo reyes corruptos (lo cual no debió ser sorpresa). Cuando Dios estableció la nación de Israel en la tierra prometida, les dijo que Él sería su Rey. Pero aun así ellos exigieron uno terrenal; entonces les advirtió que si establecían una monarquía a pesar de Su plan sufrirían por su desobediencia, ya que los humanos son pecadores incluyendo los poderosos y, en especial, los gobernantes que dificultaron la vida de la nación israelita.

Y vaya que sufrieron.

- Isaías profetizó durante el reinado de los reyes Uzías (ca. 792–740 a. C.), Jotam (ca. 750–731 a. C.; Is. 7:1), Acaz (ca. 735–715 a. C.), y Ezequías (ca. 715–686 a. C.).

  Dato curioso: la superposición de las fechas de reinado se debe a que a veces un rey comenzaba a reinar conjuntamente con su padre. #WeLoveHistoryAndContext #BibleNerds

  Más cosas que sabemos:

- Isaías estaba casado y tenía hijos (Is. 7:3; 8:3, 18).
- Al parecer vivía en Jerusalén (Is. 7:3 menciona algunos lugares de Jerusalén).
- Escribió algunos registros que no son parte de las Escrituras (2 Cr. 26:22).
- Un texto pseudoepigráfico judío que data del primer siglo a. C. menciona que Isaías murió al ser aserrado en dos a manos de Manasés, rey de Judá (*Martirio de Isaías* 5:1–14; Heb. 11:37). Un texto del primer siglo, *Las vidas de los profetas* (1:1), y el Talmud (*Yevamot* 49b) también hacen referencia a esto.

Pseudoepigráfico: un escrito que no está en la Biblia, pero que dice ser de naturaleza bíblica.

  Y pues... eso es horrible.

- El libro de Isaías en realidad es una colección de sermones y visiones que Isaías documentó a lo largo de las décadas de su ministerio entre los años 740-680 a. C.

Y se trata de esto: Isaías pasó la mayor parte de su vida advirtiendo a una generación de gente rebelde y sin fe para que regresaran al Dios que los amaba. Esto nos debería sonar conocido, porque a pesar de los casi tres mil años que han pasado desde que Isaías le predicó a la nación de Israel, al igual que ellos, tenemos una desafortunada tendencia a elegir el pecado por encima de Dios y Su plan para nuestras vidas.

Gentil: no judío.

Pero, afortunadamente, Isaías no solo señaló el problema. También señaló a Aquel a través del cual los judíos, junto con los gentiles, serían 1) reconciliados con Dios, y 2) hechos fieles.

Tu turno

5. ¿De qué maneras sigues patrones de comportamiento similares a la nación de Israel en el Antiguo Testamento?

6. Dios le encargó a Isaías ser un portavoz de la verdad en una época cuando la gente no la quería oír. ¿De qué maneras eres como Isaías? ¿De qué maneras eres diferente?

7. ¿Qué piensas y sientes al leer la frase "el plan de Dios"?

Jesús es

Los primeros treinta y nueve capítulos del libro de Isaías tratan principalmente de la feroz condenación y la aflicción por el tremendo pecado y la dureza del corazón de Israel, y las consecuencias que enfrentaron. Pero luego da un giro. Después de presentar un poderoso caso contra el pueblo escogido por Dios, Isaías comenzó a dar palabras de consuelo.

> Consolaos, consolaos, pueblo mío, dice vuestro Dios.
> Hablad al corazón de Jerusalén;
> decidle a voces
> que su tiempo es ya cumplido,
> que su pecado es perdonado;
> que doble ha recibido de la mano de JEHOVÁ
> por todos sus pecados.
>
> Voz que clama en el desierto:
> Preparad camino a JEHOVÁ;
> enderezad calzada en la soledad a nuestro Dios.
> Todo valle sea alzado,
> y bájese todo monte y collado;
> y lo torcido se enderece,
> y lo áspero se allane.

Y se manifestará la gloria de JEHOVÁ,
y toda carne juntamente la verá;
porque la boca de JEHOVÁ ha hablado (Is. 40:1–5).

A través de Isaías, Dios habló palabras de amor a Israel durante el tiempo de su rebelión, un tiempo de idolatría, de corazones errantes e intensa insensibilidad al pecado, por no mencionar todas las dolorosas consecuencias que experimentaron como resultado. Entregó el mensaje de Dios de esperanza antes del arrepentimiento.

Y para que todos estemos al tanto, esa "voz que clama en el desierto" que Isaías mencionó hace cientos de años resultó ser Juan el Bautista del NT. Al igual que Isaías, Juan predicó un mensaje de arrepentimiento y de esperanza, ya que le dijo a cualquiera que tuviera oídos para oír que el Mesías, el Salvador del mundo, se acercaba (Mt. 3).

Ahora, entra Jesús.

Jesús es la esperanza de la que se habla en el Antiguo Testamento (el Mesías) y se revela en toda Su gloria en el Nuevo Testamento. Aquel a través del cual todos tenemos esperanza: esperanza de que nuestro ciclo del pecado se puede romper; de que este mundo, con toda su decepción y angustia, no lo es todo; de que nuestra relación con Dios se puede restaurar, y puede prosperar; de que mientras sigamos a Jesús, Él nos cambiará desde el interior, haciéndonos llenos de gozo, llenos de fe y fieles.

Jesús es el centro de toda la Escritura, porque la humanidad necesita un salvador, y Él lo es. Pero ¿cómo funciona esa salvación en nuestras vidas? Bien, eso es lo que veremos en las semanas siguientes, porque, como aquellos que nos han precedido, en Jesús encontramos nuestra verdadera identidad, propósito y esperanza.

Tu turno

8. ¿Qué piensas de Jesús? ¿Fue un hombre bueno? ¿Un maestro de cosas bonitas y agradables? ¿O algo más? ¿En qué se basa tu opinión de Jesús?

9. Haz una lista de lo que la Biblia dice sobre Jesús en Hebreos 1:1–3:

> Dios, habiendo hablado muchas veces y de muchas maneras en otro tiempo a los padres por los profetas, en estos postreros días nos ha hablado por el Hijo, a quien constituyó heredero de todo, y por quien asimismo hizo el universo; el cual, siendo el resplandor de su gloria, y la imagen misma de su sustancia, y quien sustenta todas las cosas con la palabra de su poder...

10. ¿Hasta qué punto estás preparado para que tu idea de Jesús sea desafiada? ¿Estás dispuesto a *ajustar* tu idea de Él, o tu respuesta a Él, como resultado?

Enfoque de la oración

Agradece a Dios por Su íntima participación en la vida de las personas de las que leemos en las Escrituras, y por Su deseo de involucrarse íntimamente en tu vida también. **Agradécele** por elegir comunicarse contigo a través de la Biblia. **Agradécele** por enviar a Su Hijo, Jesús. **Pídele** que te ayude a entender Su Palabra y a conocer mejor a Jesús.

Estudio adicional

Aquí te damos algunas sugerencias para investigar más conexiones entre Isaías en el AT y la vida de Jesús en el NT.

- En Lucas 2:22–35, María y José llevaron al niño Jesús al templo en Jerusalén. Ahí se encontraron a un hombre llamado Simeón, quien dio alabanzas por Jesús (2:29–32) tomando palabras de Isaías 49:6, lo que significa que Dios declaró cosas a través de profetas como Isaías *antes* de que sucedieran para que las notáramos cuando finalmente sucedieran.

Yo JEHOVÁ te he llamado en justicia,
  y te sostendré por la mano;
te guardaré y te pondré por pacto al pueblo,
  por luz de las naciones,
  para que abras los ojos de los ciegos,
  para que saques de la cárcel a los presos,
y de casas de prisión a los que moran en tinieblas.
  Yo JEHOVÁ; este es mi nombre; y a otro no daré mi gloria,
  ni mi alabanza a esculturas.
He aquí se cumplieron las cosas primeras,
  y yo anuncio cosas nuevas;

antes que salgan a luz,
yo os las haré notorias (Is. 42:6–9).

- Lucas 4:16–21 relata uno de los primeros sermones de Jesús cuando eligió Isaías 61:1–2 como Su texto principal, un pasaje donde Isaías profetizó sobre la venida del Mesías. Después de leer, Jesús se sentó y le declaró a la sala llena de gente: "Hoy se ha cumplido esta Escritura delante de vosotros".

En otras palabras, "Ese Mesías anunciado hace mucho tiempo del cual ustedes han predicado en sus sinagogas durante siglos, ¡soy Yo!".

No hace falta decir que escuchar a un hombre con el que habían crecido decir que era el Salvador del mundo no fue muy bien recibido (Lc. 4:22–30).

- Lucas 7:18–23 describe un momento en que Juan el Bautista envió mensajeros a Jesús porque experimentaba dudas de que Jesús en verdad fuera el Mesías. En lugar de responderle con un simple "Díganle a Juan que SÍ SOY el Mesías", Jesús dijo:

> Id, haced saber a Juan lo que habéis visto y oído: los ciegos ven, los cojos andan, los leprosos son limpiados, los sordos oyen, los muertos son resucitados, y a los pobres es anunciado el evangelio (Lc. 7:22).

Las acciones de Jesús comprobaban Su identidad, acciones descritas en Isaías 29:18; 35:5–6; 42:18, y 61:1, entre otras. Jesús le pidió a Juan que sacara la conclusión adecuada sobre Su identidad con base en la evidencia física de las Escrituras cumplidas.

Ahora, así dice
Jehová, Creador
tuyo, oh Jacob,
y Formador tuyo,
Oh Israel: No temas,
porque yo te redimí;
te puse nombre,
mío eres tú.

Isaías 43:1

Lección 1

¿Qué significa ser elegido?

ERES LLAMADO

OMAR: ¿Por qué no puedes dormir?

MARÍA: Tengo miedo.

OMAR: ¿De qué?

MARÍA: No lo sé.

OMAR *(abrazando fuerte a María)*: Oye. ¿Qué hacemos cuando tenemos miedo?

MARÍA: Decimos las Palabras.

OMAR: Las Palabras de Adonai. Del profeta…

MARÍA: Isaías.

OMAR: Del profeta Isaías, correcto. "Así dice el Señor que te creó, oh Jacobo, y el que te ha formado, oh Israel: No debes temer". Bien, ahora déjame oírte decirlo. Quiero escuchar tu bonita voz. Vamos.

MARÍA: "No temas, porque yo te he redimido; te he llamado por tu nombre, eres mío".

OMAR: "Tú eres mío". Correcto.

Redimir: recuperar; rescatar; liberar de cadenas; salvar, y restaurar.

No temas

El temor puede ser como un monstruo, siempre acechando, ganando terreno, porque la lista de cosas que tememos es larga. Tememos la pérdida. Tememos el fracaso. Tememos no ser amados. Tememos la enfermedad. Tememos a la soledad, a la oscuridad, a la necesidad, a los desastres naturales, a la gente mala; la lista continúa hasta el infinito.

"Te he llamado por tu nombre" es un título apropiado para el episodio 1 de la temporada 1 de *The Chosen*, porque ninguna otra declaración, ninguna otra verdad en el mundo tiene el poder de quitar el temor como conocer a Dios y ser conocido por Él.

¿Por qué?

Porque, a decir verdad, somos criaturas sencillas, hechas para estar en relación con Dios. Fuimos diseñados para conversar, para conocer a nuestro Creador y ser conocidos por Él, para interactuar con el mundo junto con Él y bajo Su cuidado. Sin Él, quedamos a la merced del mundo que nos rodea y todo el miedo que conlleva. Sin Él, hay un vacío significativo e insaciable en nuestras almas porque, al contrario del dogma popular moderno del autoempoderamiento, solos *no* bastamos.

Pero así está bien; así debería ser. Estamos incompletos por diseño para que nada nos satisfaga de verdad, ni permanente ni completamente, más que conocer a Dios y tener comunión con Él. Estamos incompletos para poder correr hacia Aquel a quien pertenecemos, cuando Él nos llame.

Tu turno

1. ¿A qué le temes, y por qué? ¿Qué dice el Salmo 139:13–18 sobre tu temor?

Contexto del AT

El profeta Isaías también experimentó el temor, ¿y quién podría culparlo?

> En el año que murió el rey Uzías vi yo al Señor sentado sobre un trono alto y sublime, y sus faldas llenaban el templo. Por encima de él había serafines; cada uno tenía seis alas; con dos cubrían sus rostros, con dos cubrían sus pies, y con dos volaban. Y el uno al otro daba voces, diciendo:
>
> Santo, santo, santo, JEHOVÁ de los ejércitos;
> toda la tierra está llena de su gloria.
>
> Y los quiciales de las puertas se estremecieron con la voz del que clamaba, y la casa se llenó de humo. Entonces dije: ¡Ay de mí! que soy muerto; porque siendo hombre inmundo de labios, y habitando en medio de pueblo que tiene labios inmundos, han visto mis ojos al Rey, JEHOVÁ de los ejércitos (Is. 6:1–5).

Isaías estaba haciendo cualquier cosa normal, cuando de repente estaba en la presencia del Rey del Universo, junto con figuras angelicales que cantaban alabanzas con voces estremecedoras. Isaías quedó aterrado porque, además de que la experiencia fue espantosa en todos los sentidos, se volvió muy consciente de sus propios defectos morales. Dios es santo, e Isaías se sintió desesperadamente indigno en Su presencia. Pero, al mismo tiempo, se reconoció el corazón arrepentido de Isaías, se extendió el perdón sobre él, y él permaneció firme (Is. 6:6–8).

Respondió al llamado de Dios con un sí.

Este es el punto central: Dios no llamó a Isaías por haber sido digno. No lo era, y lo sabía. Además, Dios le advirtió a Isaías que el mensaje que predicaría caería sobre oídos "sordos", sin entendimiento (Is. 6:9–13), pero también le dijo que Él permanecería, hablando amor hacia Su pueblo escogido y declarándolo Suyo antes de que accedieran a serlo. En otras palabras, Isaías fue enviado a la nación de Israel mientras aún estaban pecando, rebelándose y rechazando a Dios, lo que significa que el mensaje de Dios fue entregado por un Isaías indigno a un pueblo indigno que Dios mismo eligió.

¿Ves el patrón?

Tu turno

2. Vuelve a leer Isaías 6:3, y escribe el significado de "santo", "Jehová" y "gloria". ¿Qué nos dicen estas palabras sobre Aquel que nos llama hacia Él?

3. ¿Cómo impactan estas palabras tu manera de ver a Dios? ¿De qué manera estar en relación con Aquel a quien esas palabras describen impacta tus temores?

4. Israel continuó rebelándose contra Dios, incluso mientras Él seguía llamándolos a una relación. ¿Qué indica esto sobre Su carácter?

Digno, indigno

La idea de ser invitado a una relación con Dios puede traer consigo algunos complejos, como el orgullo y la inseguridad que son como los dos lados, cara o cruz, de una misma moneda de mala teología.

Cara. Las personas orgullosas suelen considerar que ya son dignas del amor y la aprobación de Dios. Según su propio sistema de medición, ya son "buenas" y merecen el estatus espiritual correspondiente. Pero tener una visión exagerada de nosotros mismos puede impedir que nos arrepintamos y respondamos al llamado de Dios con todo el corazón.

Cruz. Las personas inseguras luchan por creer que el amor de Dios basta para cubrir su historia personal de maldad, y esto provoca que se sientan irremediablemente indignos de Su oferta de redención y restauración. Pero tener una visión minimizada de uno mismo puede evitar que aceptemos y respondamos al llamado de Dios con todo el corazón.

En ambos casos, la mirada está sobre nosotros, en lugar de Dios.

A decir verdad, la mayoría de nosotros oscilamos entre el orgullo y la inseguridad, entre ya sentirnos dignos y sentirnos irremediablemente indignos, según nuestro ánimo. Pero anímate. Así como lo fue para Isaías con la nación de Israel, el llamado de Dios para nuestras vidas no tiene que ver con nosotros, sino con Él.

Lo mismo fue cierto para las personas que Jesús llamó.

María Magdalena fue sacada de la oscuridad más obvia. Ser poseída por siete demonios es como la trama de una película de terror, por lo que María no alcanzó la ayuda del Salvador por su buena conducta. Así como el Israel del AT, el llamado para su vida fue por iniciativa divina, y Jesús lo llevó a cabo *a pesar* de quién era ella para que ella fuera la persona que Él quizo que fuera.

Nicodemo, por otro lado, estaba muy confiado en su estado espiritual. Era un fariseo, apartado para servir al Señor, y por lo tanto la gente a su alrededor lo consideraba digno de la sumisión, el respeto y el privilegio que conllevaba su posición. Seguramente ya se creía digno del llamado de Dios, lo que significa que su puesto y su orgullo lo hicieron tardo para ver su propia desesperada necesidad para reconciliarse con Dios.

Mateo seguramente estaba demasiado ocupado viviendo por sí mismo para reflexionar si era digno o no. Tenía sus propios afanes, principalmente el dinero. En cuanto a nuestra ilustración de la moneda, él ni hubiera entendido la lección, y probablemente hubiera metido la plata en su bolsa de dinero. Por un tiempo, pareció ajeno, o por lo menos indiferente, ante el llamado de Dios a su vida.

Simón no ocultaba su corazón desordenado, su corazón a veces orgulloso, a veces inseguro, siempre buscando ganarse su valor. Su autosuficiencia habría sido útil en el barco de pesca, pero solía obstaculizar su entendimiento y su respuesta correspondiente al momento de seguir a Jesús.

Por cierto, en el episodio 1 de *The Chosen*, María Magdalena aparece como la receptora ideal del llamado de Dios mediante Jesús. Nicodemo se hubiera espantado con la mera idea: *¿una mujer endemoniada del barrio rojo es el modelo que hay que seguir?* Mateo hubiera estado desconcertado: *¿Qué sucede? ¿Y se puede gravar?* Simón quizás se habría sentido engañado: *¿Por qué ella recibió el llamado de Dios si claramente yo me esfuerzo más?*

Pero María, la desesperada María, tenía tan poca esperanza que, aunque ser rescatada era completamente inimaginable para ella, respondió de inmediato, y con todo su corazón.

Sin importar qué tan orgullosos, inseguros o sencillamente desesperados estemos, el llamado de Dios llega cuando ni nos hemos dado cuenta de que estamos rotos. El llamado llega antes de que Dios comience Su trabajo de redención transformadora, porque Él ve más allá de nuestro *antes* al *después* que Él propuso y planeó desde el principio. Tal como lo hizo con la nación de Israel, Él ve más allá de nuestro temor, de nuestros corazones y vidas desordenadas, para ver al pueblo que creó y que ama tanto que les llama Suyos.

Somos valiosos para Dios porque Él nos creó y nos ama. Somos valiosos porque dice que lo somos, y Su Palabra es ley. Sin embargo, Él nos llama por quién es, no porque nosotros seamos dignos —lo que de hecho nos da seguridad en nuestro llamado, ya que se basa en Su bondad, Su perdón y Su gracia (entre otras cosas).

Tu turno

5. ¿Con cuál de los cuatro personajes imperfectos, pero aún así llamados, en *The Chosen* te identificas más? ¿Te sientes digno de ser llamado por Jesús? ¿Por qué sí, o por qué no?

6. ¿Qué le dirías a alguien que se siente indigno del amor de Jesús y del llamado a seguirle (como María Magdalena)? ¿Qué le dirías a alguien que encuentra seguridad en su propia bondad o autosuficiencia (como Nicodemo)?

7. Lee Romanos 3:10–12. Independientemente de cómo percibamos nuestro propio desempeño, ¿cómo nos dice la Biblia que **todos** estamos ante un Dios santo?

Jesús es nuestro Salvador

Dios creó al mundo y ama lo que creó. Pero nosotros los humanos, desde el Antiguo Testamento hasta el Nuevo y hasta el presente, hemos decidido hacer lo que queramos, a nuestro modo, y desafiar las leyes de la creación de Dios, los límites que estableció para nuestro bien y Su gloria. A través del pecado, nos hemos separado de Aquel que nos ama. Pero *por* Su amor, Dios abrió el camino 1) para que el pecado fuera expiado, y 2) para que conozcamos a nuestro Creador de la manera que Él planeó.

> Porque de tal manera amó Dios al mundo, que ha dado a su Hijo unigénito, para que todo aquel que en él cree, no se pierda, mas tenga vida eterna. Porque no envió Dios a su Hijo al mundo para condenar al mundo, sino para que el mundo sea salvo por él. El que en él cree, no es condenado; pero el que no cree, ya ha sido condenado, porque no ha creído en el nombre del unigénito Hijo de Dios (Jn. 3:16–18).

Jesús vino a vivir entre nosotros, pero nunca pecó. Vino a salvarnos del castigo del pecado: que es la muerte y la separación eterna de un Dios santo. Vino a rescatarnos del poder del pecado sobre nosotros y su dominio diario sobre nuestras vidas. Y lo único que nos pide para ser perdonados y entrar en comunión con Dios es creer en Jesús.

Y ya.

Pero a la vez eso lo es todo.

Ninguno de nosotros es digno de la atención amorosa de Dios. Ser llamados por Él y aceptar Su invitación a través de Jesús, ser elegidos y rescatados a pesar de nuestra total indignidad, requiere confiar en Él, lo que implica dejar que haga cualquier cambio a nuestras vidas que considere mejor. Y cuando hacemos eso, el temor ya no tiene cabida.

No temas; Dios puede redimir tus decisiones y usarlas para el bien.

No temas; Dios puede sanar tu corazón, tu cuerpo y tus relaciones.

No temas; fuiste creado para mucho más de lo que has experimentado hasta ahora.

No temas; el Rey del universo te ha llamado por tu nombre.

(Lilit se tambalea en el callejón y toma un trago rápido. Voltea a ver a Jesús que la sigue a la calle).

LILIT: ¡Aléjate de mí!

(Jesús se para. Luego, con toda autoridad...)

JESÚS: ¡María! *(Ella se congela.)* ¡María de Magdala!

(María no puede hablar. Se cae su vaso, el barro y la bebida se estrellan contra el suelo. Lentamente lo voltea a ver).

MARÍA: ¿Quién eres? ¿Cómo sabes mi nombre?

JESÚS *(caminando hacia ella mientras habla)*: Así dice el Señor que te creó... y El que te formó: no temas, porque yo te he redimido. Te he llamado por tu nombre.

Tú eres mía.

Trinidad:
el estado de ser tres.

"Dios es una Trinidad, Padre, Hijo y Espíritu Santo, cada uno una persona no creada, unidos en esencia, iguales en poder y en gloria" (Sociedad Evangélica Teológica).

Algunas analogías comunes son un huevo, que tiene tres partes distintas (cáscara, clara, yema) pero sigue siendo un huevo, o una manzana, que tiene tres partes distintas (piel, carne, corazón) pero sigue siendo una manzana.

Claro, todas las analogías fallan inevitablemente, y Dios no es un huevo ni una manzana. Obvio.

Cada miembro de la Trinidad no es una "parte" de Dios; cada uno es plenamente Dios. Así, aunque la definamos en los mejores términos humanos posibles, la Trinidad es un concepto que no entenderemos plenamente hasta que lleguemos al cielo.

Tu turno

8. ¿De qué necesitas ser rescatado?

- ¿De un pasado difícil y del dolor? María perdió su familia, su dignidad, su autonomía; Mateo fue rechazado por su familia y por todos los demás.
- ¿De dificultades financieras? Simón y Andrés sintieron el peso de los impuestos romanos y la lucha por proveer.
- ¿De una cosmovisión que dice que hay que salvarnos a nosotros mismos? Muchos fariseos eran legalistas, siempre queriendo impresionar a Dios y a los demás; Simón solía tomar los asuntos en sus propias manos y confiar en sus propias habilidades, sabiduría y fuerza.
- ¿De la oscuridad, las adicciones, o algún otro ciclo de pecado? Los demonios atormentaron a María, haciéndola sentir desesperanzada y encadenada a una vida pecaminosa; Mateo fue atormentado por su amor al dinero y el deseo de seguridad.

9. ¿Cómo podría Isaías 43:1 desafiarte a pensar de manera diferente ante tu situación? ¿Qué te podría estar pidiendo que hagas diferente?

10. ¿Qué dice Efesios 2:8–10 sobre el rescate de personas que hace Dios a través de Jesús?

Enfoque de la oración

Agradece a Dios por conocerte y por querer estar en relación contigo. **Confiesa** tu indignidad de ser llamado. De ser necesario, confiesa cualquier intento de hacerte digno de Su amor por tus propias fuerzas, motivado por el orgullo o tu ego. **Alaba** a Dios por llamarte hacia Él a pesar de todas las maneras en las que te equivocas, y por enviar a Jesús a rescatarte y asegurar tu llamado.

Estudio adicional

- Lee la advertencia sobre no obedecer la ley de Dios en Deuteronomio 27:26 (AT), y luego lee cómo el apóstol Pablo citó Deuteronomio, añadiendo esperanza en Gálatas 3:10–13 (NT). Aunque estamos maldecidos por la incapacidad de obedecer las leyes de Dios a la perfección, se proporcionan la expiación y el rescate perfectos a través de Jesús. Presta especial atención al versículo 13:

  Cristo nos redimió de la maldición de la ley haciéndose maldición por nosotros.

- Observa también que en Gálatas 3:14, Pablo cita las bendiciones prometidas por Dios a los descendientes de Abraham y el plan de extender esas bendiciones a todo el mundo. Revisa la promesa en Génesis 12:1–3 para ver, de nuevo, que el plan de rescate de Dios iniciado en el Antiguo Testamento se completó mediante Jesús en el Nuevo Testamento.
- Tito 3:4–7 habla del rescate inmerecido de los creyentes por parte de Dios. Presta especial atención a cómo seguir a Jesús cambia nuestra vida.

Cuando pases
por las aguas,
yo estaré contigo;
y si por los ríos,
no te anegarán.
Cuando pases
por el fuego,
no te quemarás,
ni la llama
arderá en ti.

Isaías 43:2

Lección 2

¿Qué significa ser elegido?

DESCANSAS

JESÚS: Hola, María.

MARÍA: Hola.

(Una pausa).

JESÚS: Es bueno verte.

MARÍA: Sí. Sí.

(Otra pausa. Jesús se ríe).

JESÚS: No quiero entrometerme, pero... estaría bien si yo...

MARÍA: Ah, sí, pasa por favor, lo siento mucho.

(Mientras se acercan a la mesa...).

MARÍA (CONT.): Tengo invitados aquí, esta es mi primera vez, no sé si va a ser muy...

SANTIAGO/TADEO: Rabino.

(Jesús asiente y sonríe).

MARÍA: ¿Ustedes ya se conocen?

JESÚS: Son estudiantes míos. Confío en que han sido amables.

MARÍA: Claro que sí.

(Otra pausa más).

SHULA: Tu invitado puede tomar asiento, ¿no, María?

MARÍA: ¡Oh, sí! ¡Por supuesto! ¡Siéntate! Sigo diciendo "por supuesto" mucho. Amigos, este es el hombre del que les hablé, quién me ayudó.

SHULA: Oh, sí. María nos ha contado mucho de ti.

(María le echa un vistazo).

JESÚS *(sonriendo)*: Espero que no demasiado.

BARNABY: Yo soy Barnaby. Ella es Shula. Es ciega.

JESÚS: Ah.

SHULA: Por si no lo notaste...

MARÍA: Disculpa, no sé tu nombre.

JESÚS: Soy Jesús. De Nazaret.

BARNABY: ¡Bueno, aparentemente algo bueno *puede* salir de Nazaret!

(Nadie se ríe. María lo mira fijamente. Jesús se ríe, le guiña a Barnaby).

JESÚS: María, me honra estar aquí. ¿Por qué no comienzas?

MARÍA: Ah, no, ahora que estás aquí deberías hacerlo tú.

JESÚS: Gracias, pero este es tu hogar, y me encantaría que tú lo hicieras.

(María saca su hoja de papel. Respira hondo).

MARÍA: Bien. Aquí vamos. Debería leer el papel.

(Jesús asiente y sonríe).

MARÍA (CONT.):

"Ahora los cielos y la tierra estaban completos y todos sus anfitriones...

Y completó Dios el séptimo día de su obra que hizo. Y Él se abstuvo el séptimo día de todo el trabajo que hizo.

Y bendijo Dios el séptimo día, y lo santificó. Por lo tanto, Él se abstuvo de toda su obra que Dios creó para hacer...".

Shabat

Típicamente relacionamos dormir con descansar. Mientras nuestros ojos estén abiertos, vamos a cien kilómetros por hora, valorando nuestros días según lo que podemos lograr. Los días buenos están ocupados, repletos de ir, ver, hacer, explorar, conquistar y completar. Y luego, por la noche, cuando ya no somos físicamente capaces de hacer todas esas cosas, nos detenemos para "descansar".

"Shabat" es el título del episodio 2 de la temporada 1 de *The Chosen* y corresponde a la palabra hebrea *Shabbath*, que significa cesar del trabajo, porque el cuarto mandamiento dice:

Shabat: pronunciado sha-baat.

> Acuérdate del día de reposo para santificarlo. Seis días trabajarás, y harás toda tu obra; mas el séptimo día es reposo para JEHOVÁ tu Dios; no hagas en él obra alguna, tú, ni tu hijo, ni tu hija, ni tu siervo, ni tu criada, ni tu bestia, ni tu extranjero que está dentro de tus puertas. Porque en seis días hizo JEHOVÁ los cielos y la tierra, el mar, y todas las cosas que en ellos hay, y reposó en el séptimo día; por tanto, JEHOVÁ bendijo el día de reposo y lo santificó (Ex. 20:8–11).

Así, el Shabat fue y es un día de observancia comunitaria que el pueblo de Dios hace juntos, principalmente caracterizado por la abstinencia del trabajo, aunque no solo se trataba de eso. Tener un día libre por semana es un beneficio, claro, y Dios lo incorporó a Su sistema porque es misericordioso con Su creación e íntimamente sintonizado a nuestras necesidades. *Necesitamos* un día libre para reponernos, ir a la iglesia y pasar el tiempo con seres queridos, porque nos es natural. Pero nada de eso se compara con el propósito principal de Dios detrás del mandamiento.

En un momento regresaremos a esto.

Tu turno

1. Vuelve a leer Éxodo 20:8–11. ¿Cuál es el origen del descanso del día Shabat?

Contexto del AT

Cuando Dios rescató a los israelitas de la esclavitud en Egipto, los guió *hacia* el desierto bajo el liderazgo de Moisés. Sin embargo, los milagros/plagas que convencieron al faraón de liberar a los judíos dejaron claro que Dios tenía todo el control. Según cuenta la historia, el faraón pronto cambió de parecer, y los persiguió hasta la orilla del Mar Rojo, donde Dios abrió las aguas para dejar que los israelitas cruzaran por tierra firme. Cuando el faraón y su ejército los siguieron, Dios liberó las aguas, y aplastó a todo el ejército egipcio para asegurar la libertad futura de Israel (Ex. 14:10–30).

Pero al otro lado estaba el desierto. Dios les dijo a los israelitas que serían llevados a una tierra prometida "que fluye leche y miel", pero no sabían cómo llegar ni qué tan lejos estaba. En cambio, lo único que vieron fueron obstáculos imposibles por delante: el calor, el polvo, la distancia; no había sombra, ni alimentos. Había poca agua. Y luego había obstáculos imposibles al *otro* lado del desierto: una tierra ya conquistada y habitada, es decir, más reyes, más ejércitos y más obstáculos.

De pie al borde del desierto, no se esperaban que Dios mismo guiara sus pasos: "Y JEHOVÁ iba delante de ellos de día en una columna de nube para guiarlos por el camino, y de noche en una columna de fuego para alumbrarles, a fin de que anduviesen de día y de noche. Nunca se apartó de delante del pueblo la columna de nube de día, ni de noche la columna de fuego" (Ex. 13:21–22).

No se esperaban que Dios proveyera "pan del cielo" (Ex. 16:4), una colecta diaria de maná para comer, incluyendo una porción doble el sexto día para que obedecieran Su mandamiento de descansar el séptimo: "Mirad que JEHOVÁ os dio el día de reposo, y por eso en el sexto día os da pan para dos días. Estése, pues, cada uno en su lugar, y nadie salga de él en el séptimo día. Así el pueblo reposó el séptimo día" (Ex. 16:29–30).

No se esperaban que Dios protegiera sus sandalias y ropa del desgaste (Dt. 29:5), ni que entregara a reyes y reinos en sus manos sin exigirles que alzaran la espada.

No se esperaban lo que rápidamente aprendieron:

Que la provisión de Dios, incluyendo el descanso, es un desbordamiento de Su presencia.

El maná era "pan del cielo", pero eso no quiere decir que literalmente cayera del cielo como lluvia. Parece haberse materializado como el rocío, que es como se describe en Éxodo 16:13–14: "menuda redonda", que aparecía en el suelo.

Más adelante en el capítulo, se compara con semilla de cilantro y se describe como "blanco, y su sabor como hojuelas de miel" (16:31).

Tu turno

2. ¿Qué promesa le hizo Dios a Su pueblo escogido en Isaías 43:2?

3. ¿Cómo se relaciona la redacción de este versículo con Éxodo 14:26–31; Josué 3:14–17, y Daniel 3:1–28?

4. El que guiaba a los israelitas a través del desierto era el mismo Dios que lo había creado. ¿De qué forma meditar en Dios como el Creador cambia tu manera de ver las cosas imposibles?

Manantial de descanso

A los judíos israelitas del primer siglo no les fue mucho mejor que a sus antepasados en el desierto. Vivían en su propio país, pero bajo el dominio y reinado opresivo romano. Su cuidado continuo del Shabat les servía de recordatorio de que Dios siempre había sido fiel para proveer para las necesidades de Su pueblo escogido, pero todavía anhelaban el alivio de sus circunstancias.

Sin embargo, según Isaías 43:2, el alivio y el descanso no solo provienen de la eliminación de las circunstancias, sino de la presencia de Dios sin importar las circunstancias.

"Cuando pases por las aguas, yo estaré contigo...".

María Magdalena experimentó el poder salvador de Jesús en su vida, pero ser liberada de los demonios no eliminó automáticamente sus circunstancias difíciles. Sin duda, aún tenía recuerdos dolorosos, relaciones tensas o rotas, y las consecuencias de una vida que salió mal. Pero también tenía a Jesús.

No es de extrañar que terminara convirtiéndose en una de Sus devotas seguidoras, cambiando su techo por una tienda de campaña, y la familiaridad por un nuevo tipo de andar en el desierto. Encontró el tipo de descanso que solo se obtiene mediante la comunión con el Creador, y no estaba dispuesta a perder Su presencia.

Nicodemo se había construido una vida decente, pero, si bien el buen comportamiento, el éxito y el dinero tienen el poder de hacer la vida más fácil, no satisfacen el alma. Una religión basada en obras tampoco. Adherirse al Shabat como Dios lo ordenó era algo bueno, pero solo si daba como resultado gratitud y adoración al Creador. Si bien las reuniones de Shabat de Nicodemo habrían tenido los rituales más respetuosos —sin duda hacía mucho énfasis en el correcto cumplimiento de la ley del AT— los rituales tienen el potencial de distraer la atención de la presencia de Dios.

Mateo logró beneficiarse de la ocupación romana, y por lo tanto era improbable que lo invitaran a muchas cenas *sabáticas*. Las consecuencias relacionales habrían sido inevitables, aunque quizás por un tiempo pudo ignorar la soledad inherente a la profesión de recaudador de impuestos. Buscar el bienestar personal nos aleja de nuestro Creador, de cualquier esperanza de poder experimentar descanso y paz verdaderos.

Simón quizás era de los más ansiosos por que Dios interviniera en las difíciles circunstancias de Israel. Abrumado por dificultades económicas, seguramente luchaba con la impaciencia, incluso tal vez con su fe. Quizás se peguntó cuándo aliviaría Dios el sufrimiento de Israel y restauraría su libertad, o si a Dios aún le importaba Su pueblo escogido. Estas preguntas habrían hecho de la conmemoración del *Shabat* algo doloroso y confuso.

En cualquier caso, María vuelve a ser el ejemplo a imitar. No se esforzaba por obedecer un mandamiento para alcanzar el favor de Dios; ya sabía que había recibido Su favor misericordioso e inmerecido. Más bien ansiaba reservar un tiempo para recordar a su Creador, Aquel que la conocía por nombre, con el fin de entrar en Su presencia y celebrar lo que había hecho y haría. Comparado con la cena *sabática* de Nicodemo, la de María era humilde e imperfecta, pero mucho más gloriosa.

Menos mal que Jesús también estuvo allí.

Tu turno

5. Cuando se trata de practicar tu propio descanso del día de reposo, ¿con qué personaje te identificas más, y por qué?

6. El Salmo 46:10 dice: "Estad quietos, y conoced que yo soy Dios...". ¿De qué manera meditar en Dios habría impactado la recuperación de María? ¿Las prioridades de Nicodemo? ¿Los anhelos de Mateo? ¿La impaciencia o confusión de Simón?

7. Guardar el Shabat suele caracterizarse por no trabajar, pero la intención principal de Dios detrás del mandamiento es pasar el día así como María: entrar en Su presencia. ¿Qué necesitas cambiar en tu horario o tu mentalidad para que descanses como Dios pretendía?

Jesús está presente

El Shabat celebra el rescate milagroso por Dios de Su pueblo que estaba en Egipto, Su provisión diaria en el desierto y la dependencia total de Israel en Él. Pero no solo se trata de recordar la fidelidad de Dios al pueblo escogido del AT; también nos sirve para recordar que Él permanece fiel. Que está presente ahora mismo. Que sigue proveyendo, guiando y trabajando en nombre de Su pueblo escogido. Y que Él es digno de *nuestra* continua dependencia.

> "[Jesús dijo:] Venid a mí todos los que estáis trabajados y cargados, y yo os haré descansar. Llevad mi yugo sobre vosotros, y aprended de mí, que soy manso y humilde de corazón; y hallaréis descanso para vuestras almas; porque mi yugo es fácil, y ligera mi carga".
>
> Mateo 11:28–30

Jesús no instruye a las personas cansadas y agobiadas que duerman más, beban café o se vayan de vacaciones. Más bien nos invita a acercarnos a Él, y cuando lo hacemos Él nos brinda descanso. Si bien podemos descansar nuestros cuerpos en cualquier momento, *el descanso del alma* solo ocurre en presencia de nuestro Creador: Aquel que conoce el número de cabellos que tenemos en la cabeza (Mt. 10:30; Lc. 12:7) y está al pendiente de nuestros dolores (Sal. 56:8); Aquel que está íntimamente consciente de nuestros retos individuales y de todas las formas en que los usará para bien (Ro. 8:28); Aquel que nos ama tanto que nos rescata a pesar de nuestro pecado y rebelión, y de lo que le costaría (Ro. 5:8); y Aquel que nos guía a través del agua y del fuego a la Tierra Celestial Prometida, donde ya no habrá temor, ni dolor, ni lucha (Ap. 21:4).

En Su presencia, experimentamos la provisión, la paz y el descanso que reemplazan las cosas difíciles, debido a quién es Él.

MARÍA (CONT.):

"Ahora los cielos y la tierra estaban completos y todos sus anfitriones...

Y completó Dios el séptimo día de Su obra que hizo, y Él se abstuvo en el séptimo día de todo el trabajo que hizo.

Y bendijo Dios el séptimo día y lo santificó; por lo tanto, Él se abstuvo de toda su obra que Dios creó para hacer.

Bendito seas, Señor nuestro Dios, Rey del universo, que crea el fruto de la vid...

Nos has amado y has dispuesto a darnos tu Shabat, tu herencia, tu creación...

Porque es el primer día de nuestras reuniones santas en memoria del Éxodo.

Bendito seas, Señor nuestro Dios, Rey del universo, que crea el fruto de la vid.

Amén".

Tu turno

8. La promesa de Jesús en Mateo 11:28–30 es similar a la promesa en Isaías 43:2, ya que Jesús no dice que no habrá responsabilidades o dificultades ("yugo" o "carga"). En cambio, Él se queda con nosotros y provee un camino. ¿Saber esto de qué manera impacta como te sientes o respondes ante tus circunstancias?

9. Llena el espacio: Dios está conmigo en ________________.

10. Vuelve a leer Salmos 56:8; Mateo 10:30; Lucas 12:7; Romanos 5:8, 8:28, y Apocalipsis 21:4. ¿Cuál de estos versículos te trae sentimientos de descanso, paz y esperanza? ¿Por qué?

Enfoque de la oración

Da gracias a Dios por el descanso del alma que ofrece mediante Jesús. Agradécele por las provisiones diarias, como la comida, la ropa, el hogar y los amigos. **Agradécele** por que Su presencia te permite soportar y superar las circunstancias difíciles de este lado de la eternidad. **Pídele** a Jesús que te enseñe más y más cómo descansar en Su presencia. **Dile** lo emocionado que estás por el descanso perfecto y sin dolor que nos espera en el cielo.

Estudio adicional

- Lee 1 Samuel 15:10–23; Isaías 1:9–20; Jeremías 7:21–28 y Amós 4:1–13. Estos pasajes indican que Dios estaba molesto con la gente que celebraba el Shabat por razones erróneas; hasta comparó a Su pueblo escogido con paganos impíos, persistentes en pecar sin arrepentirse mientras aparentaban una diligencia religiosa.

  ¡Qué decepción!

- Lee Isaías 56:1–8. No se diseñó el Shabat como un medio para llamar la atención de Dios o para ganarse Su aprobación. Más bien, era un medio para que el pueblo de Dios recordara que Él los creó y demostrara su dependencia de Él. Isaías notó que la invitación a este tipo de dependencia de la fe —una dependencia expresada por guardar el Shabat— no era solo para la nación israelita del AT, sino para todos los que confiaran en el Señor.

- Lee Hechos 20:7; 1 Corintios 16:1–2; Mateo 28:1–10; Marcos 16:1–8; Lucas 24:1–12, y Juan 20:1–19. El sábado (el séptimo día de la semana y el día de adoración que Jesús y Sus seguidores practicaban) sigue siendo el día de adoración para el judaísmo y algunas ramas del cristianismo. Sin embargo, la mayoría de los cristianos apartan el domingo, el primer día de la semana, como el día principal para descansar y reunirse para adorar juntos.

Esto significa que algo bastante importante tuvo que haber pasado para que un grupo de judíos religiosos devotos cambiaran su modo de guardar uno de los diez mandamientos más importantes de todo su sistema de creencias. #ResurrectionSunday

A que no sabías que al reunirnos a adorar los domingos los cristianos celebramos la Pascua cada semana. #HeIsRisenIndeed

Porque yo Jehová,
Dios tuyo, el Santo de
Israel, soy tu Salvador;
a Egipto he dado por
tu rescate, a Etiopía y
a Seba por ti. Porque
a mis ojos fuiste de
gran estima, fuiste
honorable, y yo te
amé; daré, pues,
hombres por ti, y
naciones por tu vida.

Isaías 43:3-4

Lección 3

¿Qué significa ser elegido?

ERES AMADO

NIÑO #4: ¿Por qué no estuviste aquí ayer?

JESÚS: Tuve que quedarme en la ciudad hasta tarde; una mujer necesitaba mi ayuda.

NIÑO #3: ¿Construiste algo para ella?

JESÚS: No... ¿Recuerdan cuando dije que tenía un trabajo que era más grande que mi profesión? Había una mujer que estaba sufriendo mucho en esta vida. Estaba en problemas, así que la ayudé.

JOSUÉ: ¿Ella es tu amiga?

JESÚS: Ahora lo es. Y la he escogido a ella, junto con otros, y pronto a más, para unirse a mi viaje.

ABIGAIL: ¿Ellos te conocen?

JESÚS: Aún no.

NIÑO #1: Pero ¿y si no les agradas?

JESÚS *(riéndose)*: Muchos no lo harán. Es la razón por la que estoy aquí.

ABIGAIL: Aún no lo comprendo. ¿Cuál es la razón para la que estés aquí?

(Jesús toma un momento. Los niños se acercan mientras habla en voz baja pero firme).

JESÚS: Les digo esto porque, incluso aunque sean niños, y los ancianos durante su vida hayan vivido más tiempo, muchas veces los adultos necesitan la fe de los niños. Y si mantienen esta fe dentro, fuertemente, algún día pronto entenderán todo lo que estoy diciendo.

Pero hiciste una pregunta importante, Abigail. ¿Cuál es la razón para que esté aquí? La respuesta es para todos ustedes:

"El Espíritu del Señor está sobre mí, porque me ha ungido para proclamar buenas nuevas a los pobres. Me ha enviado a proclamar libertad a los cautivos y la recuperación de la vista a los ciegos, para poner en libertad a aquellos que estén oprimidos, para proclamar el año del favor del Señor".

JOSUÉ: Isaías.

JESÚS *(asintiendo)*: Isaías.

Preciosos a Sus ojos

Uno de los cantos más conocidos de escuela dominical se escribió hace más de cien años, y su letra declara una verdad eterna: "Cristo ama a los niños, cuantos en el mundo están. No le importa tu color a Jesús el Salvador. Cristo ama a los niños por doquier".

Si bien la corrección política quisiera abolir estas ideas, la canción perdura obstinadamente porque su mensaje resuena profunda y universalmente: somos hechos a imagen de Dios, y Dios ama lo que creó.

Este episodio de *The Chosen* se titula "Jesús ama a los niños", pero no solo se trata de ellos. En cuanto al amor de Dios, no se trata de nuestra edad, apariencia, habilidades o cualquier otra cosa que podamos o no aportar. Se trata de cómo somos, tal cual.

Somos preciosos para nuestro Creador.

Tu turno

1. ¿Cómo se relaciona esta canción de niños con Gálatas 3:28?

Contexto del AT

En la época del Antiguo Testamento, el pueblo de Dios a veces se describía como los hijos de Dios (Ex. 4:22; Os. 1:10–11; 11:1), y a veces se hacía referencia a Dios como un padre (Is. 63:16; 64:8; Jer. 31:9–11) o se comparaba con una madre (Is. 49:13–16). El punto es que Dios ama a Su pueblo escogido de la misma manera que los padres buenos aman a sus hijos. Los padres buenos hacen cualquier cosa, soportan cualquier cosa y sacrifican cualquier cosa para cuidar de los suyos. Si multiplicas eso a la máxima potencia, te irás acercando al amor de Dios por Su pueblo escogido.

Así como un padre busca un hijo descarriado, una y otra vez Dios se ocupó de la nación israelita 1) a un gran costo, 2) haciendo todo lo posible y 3) con misericordia y gracia inagotables. Según Isaías 43, Dios demostró hasta dónde llegaría para traer a Su pueblo de vuelta, incluso rescatando a otras naciones en su lugar (en un momento volveremos a esto). Naturalmente, la mención de Egipto nos remite al rescate del éxodo. El pueblo en los días de Isaías podía mirar hacia atrás y ver que Dios había sido fiel desde Egipto hasta la tierra prometida. Pero Su protección y provisión se extendían más —hasta Kush y Saba, y más allá— porque Dios amaba a su pueblo escogido, y por eso no los dejaba ir.

Misericordia:
no recibir el castigo
que merecemos.

Gracia:
recibir un regalo inmerecido.

Kush está en el noreste de África (a veces se llamaba "Etiopía" en aquel entonces, aunque no es la Etiopía de hoy en día).

No sabemos dónde se encuentra Saba, pero probablemente estuvo a lo largo del mar Rojo.

Tu turno

2. ¿Cuáles son algunas características de un buen padre?

3. Tener un padre no tan bueno puede afectar negativamente la forma en que vemos y respondemos a Dios. Lee Jeremías 31:9–11 a continuación y subraya todas las formas en las que Dios es un buen Padre:

> Irán con lloro,
> mas con misericordia los haré volver,
> y los haré andar junto a arroyos de aguas,
> por camino derecho en el cual no tropezarán;
> porque soy a Israel por padre,
> y Efraín es mi primogénito.
>
> Oíd palabra de JEHOVÁ, oh naciones,
> y hacedlo saber en las costas que están lejos,
> y decid: El que esparció a Israel lo reunirá
> y guardará, como el pastor a su rebaño.
> Porque JEHOVÁ redimió a Jacob,
> lo redimió de mano del más fuerte que él (Jer. 31:9–11).

4. Dios buscó a Israel, a pesar de su continua rebelión. Compara lo que merecían recibir de Dios con lo que realmente recibieron de Dios, una y otra vez.

Bienvenido

"Entonces le fueron presentados [a Jesús] unos niños, para que pusiese las manos sobre ellos, y orase; y los discípulos les reprendieron. Pero Jesús dijo: Dejad a los niños venir a mí, y no se lo impidáis; porque de los tales es el reino de los cielos".

Mateo 19:13–14

Esa última parte habría confundido a los que escuchaban, porque los padres en esa época no apreciaban a la niñez de la misma forma que nosotros. No es que los padres tuvieran actitudes utilitarias y de falta de amor hacia sus hijos; por el contrario, los hijos eran considerados bendiciones para sus padres (Dt. 28:1–6; Sal. 103:13; 127:3–5; 128:3–4; Mt. 2:16–18; Jn. 4:46–54). Pero en el primer siglo d. C. la contribución de una persona le daba valor, y los niños pequeños contribuían poco. Mientras que en la cultura occidental moderna la niñez se ha extendido hasta los primeros veinte años (¡madre mía!), en la antigüedad se esperaba que los niños comenzaran a trabajar tan pronto como fuera físicamente posible. La niñez sencillamente no era una etapa apreciada de la vida, y terminaba por completo en la adolescencia, lo cual podría indicar por qué los Evangelios no hablan de la niñez de nuestros cuatro personajes principales.

Sin embargo, podemos deducir con base en lo que sí sabemos.

María Magdalena era de la ciudad de Magdala, un lugar famoso por ser tan amoral que Roma terminó destruyendo la ciudad por su corrupción. Ya sea que María hubiera recibido o no una educación judía piadosa, mediante las tragedias de la vida y la influencia de demonios, terminó en una vida de libertinaje. Seguramente María no se sentía especial a los ojos de los demás, y la maldad había dominado su vida.

Nicodemo, un maestro entre los fariseos, seguramente recibió una educación judía sólida. Quizás era como otro famoso fariseo del NT, el apóstol Pablo, quien dijo: "Mi vida, pues, desde mi juventud, la cual desde el principio pasé en mi nación, en Jerusalén, la conocen todos los judíos; [...] conforme a la más rigurosa secta de nuestra religión, viví fariseo" (Hch. 26:4–5).

Qué divertido suena. En todo caso, es probable que Nicodemo sintiera orgullo por su herencia, sus logros y su posición en lugar de sentirse amado por Dios por quién era.

Mateo probablemente también gozó de una educación y entrenamiento en el Señor desde su infancia; su nombre históricamente hebreo, Leví, lo sugiere. Pero eso no le impidió elegir servir a Roma. Al igual que otros judíos que trabajaban voluntariamente para el enemigo, Mateo se hizo rico traicionando a sus conciudadanos. Su demostración abierta de deslealtad habría perjudicado a su familia.

Al perseguir las riquezas prometidas, Mateo renunció voluntariamente a cualquier esperanza de ser amado por quién era. Contrariamente al significado de su nombre ("regalo de Dios"), Mateo eligió que se le pagara por lo que podía aportar.

Simón era un hombre poco educado (Hch. 4:13), pero desde su infancia se le inculcó el permanecer fiel al Dios de sus antepasados. Simón no gozaba del orgullo de Nicodemo por ser exitoso religiosamente, ni de la autosuficiencia de Mateo. Tales cosas quedaban fuera de su alcance. Sin embargo, por lo que sabemos del pescador-vuelto-discípulo, era el tipo de hombre que sufría *tanto* de orgullo como de autosuficiencia, y tal vez la idea sentimental de ser amado lo hubiera incomodado.

Abigail y Josué son niños ficticios creados por *The Chosen*, pero basados en interacciones reales y en las palabras de Jesús *sobre* los niños: *de los tales es el reino de los cielos*. A diferencia de la mayoría de los adultos que interactuaron con Jesús, los niños sabían que no tenían nada de valor que ofrecerle más que su amor y entusiasmo por estar ahí, y Jesús les dio la bienvenida. Él quería pasar tiempo con ellos, abrazarlos y sanarlos. Él *quería* hacerlo. Los aceptó no por quienes eran o por lo que podían hacer, sino por quien Él es y lo que Él hace.

Tu turno

5. Según Mateo 18:1–4, ¿qué cualidad tienen los niños que deberíamos tratar de imitar?

6. ¿Con cuál infancia imaginada te identificas más? ¿La oscuridad y el quebranto de María? ¿La necesidad de Nicodemo de actuar y ganarse su valor? ¿La rebelión y la soledad de Mateo? ¿La lucha constante de Simón por ganarse la vida?

7. Lee las historias reales de cómo se acercaron a Jesús en Lucas 8:1–3, Juan 3:1–12, Mateo 9:9–13 y Lucas 5:1–11. A pesar de tener experiencias de vida muy diferentes, ¿qué tienen todas estas personas en común? (Pista: lo que tienen en común entre ellos es lo mismo que en realidad tienen en común con los niños).

Jesús es nuestro guardián

Es fácil entender por qué los niños son bienvenidos y apreciados por Jesús. Los niños son sencillos. El mundo a su alrededor los asombra. Son lindos, inocentes, vulnerables y sin adornos. Se asombran e ilusionan, son moldeables y confiados, a diferencia de nosotros. No están hastiados ni juzgan, no son autosuficientes, arrogantes o manchados por una vida de elecciones pecaminosas, por lo que es mucho más difícil creer que seamos amados por Dios al igual que ellos, que nosotros podamos recibir Su amor perfecto.

Pero recibimos exactamente eso, y la evidencia de ello se remonta hasta Isaías: "...daré, pues, hombres por ti, y naciones por tu vida" (Is. 43:4).

Se pagan rescates para conservar lo que de otro modo se perdería. Como lo indicó Isaías unos siete siglos antes de la llegada

Rescate: una cantidad de dinero u otra forma de pago requerida o pagada para liberar a un prisionero.

de Jesús, Dios ama tanto a Su pueblo escogido que los rescata para Sí mismo, los protege cueste lo que cueste.

> ...fuisteis rescatados de vuestra vana manera de vivir, la cual recibisteis de vuestros padres, no con cosas corruptibles, como oro o plata, sino con la sangre preciosa de Cristo, como de un cordero sin mancha y sin contaminación...
>
> 1 Pedro 1:18–19

Cuando el pecado nos estaba robando, Jesús se hizo nuestro rescate. Vino para servirnos, para intercambiar Su vida por la nuestra, para ser el "rescate por muchos" (Mc. 10:45) y para regresarle a Dios Su pueblo escogido "de todo linaje y lengua y pueblo y nación" (Ap. 5:9). Claramente, somos amados por nuestro Creador, a pesar de no poder aportar nada, porque Él busca, perdona, redime y protege.

> JESÚS: Me encantó pasar este tiempo con ustedes. Todos son muy especiales para mí. Y espero que mis próximos alumnos hagan las mismas preguntas que ustedes, y que escuchen mis respuestas. Pero sospecho que no tendrán su entendimiento.
> *(Mira a Abigail).*
> Y espero que cuando llegue el momento adecuado le cuenten a los demás sobre mí, igual que ustedes.
> *CAMPAMENTO – NOCHE*
> *(Jesús da los toques finales a algo que no vemos, y lo deja junto a una piedra. Luego lo vemos escribir algo con carbón sobre la piedra. Sonríe, y… CORTE A):*
> *CAMPO – MAÑANA*
> *(Abigail camina sola con su muñeca. Dobla la esquina hacia el campamento y se detiene. Vemos que el campamento está vacío. Aparte de una fogata apagada, todo se ha ido. Bueno, no todo. Abigail se acerca, y vemos una casa de muñecas sencilla pero bien*

construida: eslabones de piedra unidos por sogas del primer siglo. Abigail se percata de lo que está escrito encima y lo lee en voz alta).

ABIGAIL: "Abigail, sé que puedes leer. Eres muy especial. Esto es para ti. No he venido solo por los ricos".

Tu turno

8. Para guardarnos, Jesús se hizo como nosotros. Según el apóstol Pablo en Filipenses 2:5–8, ¿qué implicó eso?

9. ¿Cómo deberías responder ante la idea de que Jesús te ama tanto como para a) darse como rescate por tu pecado, y b) restaurar tu relación con Dios?

10. Jesús no solo se hizo como nosotros para guardarnos; también promete hacernos más como Él (que es precisamente lo que hizo en las vidas de María, Mateo y Simón Pedro). Lee Gálatas 5:18–24 y haz una lista de las características que adquirimos mediante el poder del Espíritu Santo.

Enfoque de la oración

Da gracias a Jesús por sacrificarse en tu lugar con el fin de traerte de vuelta a tu Creador. **Pídele** a Dios que te **empodere** para tener fe como un niño (no una fe infantil) y para **confiar** en que Él te guardará a través de las dificultades de la vida. Incluso, podrías considerar **orar** con las palabras de Judas 1:24–25: "Y a aquel que es poderoso para guardaros sin caída, y presentaros sin mancha delante de su gloria con gran alegría, al único y sabio Dios, nuestro Salvador, sea gloria y majestad, imperio y potencia, ahora y por todos los siglos. Amén".

Estudio adicional

- El Antiguo Testamento fomenta las relaciones familiares sólidas y la enseñanza sobre la fe en Dios desde la familia. Por ejemplo, en el texto que inspira la oración diaria de los judíos llamado el *Shemá* (recitado por los niños en el episodio 3), Moisés les recordó a los israelitas su responsabilidad tanto de enseñar a sus hijos sobre su relación de pacto con Dios como de basar su vida entera en torno a esa relación.

> Oye, Israel: JEHOVÁ nuestro Dios, JEHOVÁ uno es. Y amarás a JEHOVÁ tu Dios de todo tu corazón, y de toda tu alma, y con todas tus fuerzas. Y estas palabras que yo te mando hoy, estarán sobre tu corazón; y las repetirás a tus hijos, y hablarás de ellas estando en tu casa, y andando por el camino, y al acostarte, y cuando te levantes. Y las atarás como una señal en tu mano, y estarán como frontales entre tus ojos; y las escribirás en los postes de tu casa, y en tus puertas (Dt. 6:4–9).

- Como hemos mencionado, a Dios se le llama "Padre" en el Antiguo Testamento (Is. 63:16; 64:8). Jesús también se refirió a Dios como "Padre", pero usó la palabra más íntima aramea *Abba*, que es un equivalente cercano a la palabra moderna en español "papi" (Mc. 14:36). Esta manera de hablarle a Dios era impensable en los tiempos de Jesús. Como el unigénito Hijo de Dios, Jesús tenía una relación única con el Padre en la Trinidad (Jn. 1:14; 5:17–47; 10:22–39; 20:17). Sin embargo, Él anima a Sus seguidores a dirigirse a Dios como "Padre" (Mateo 6:5–15; Lucas 11:1–4) y "*Abba*" (Ro. 8:15, Gal. 4:6).

- Juan 17 registra una conversación entre Jesús y el Padre poco antes de Su arresto y crucifixión. Desde luego, sabía el papel que desempeñaría en el plan de salvación y que pronto sería llamado de vuelta al cielo, así que oró por Sus seguidores. Observa que le pidió a Dios que mantuviera a Sus seguidores a salvo mientras Él no estuviera (17:11), que los guardara "en [Su] nombre" (17:12) y que no los quitara del mundo, sino que les protegiera del diablo (17:15). Observa también que la oración de Jesús no solo se trataba de sus doce apóstoles u otros seguidores del primer siglo; Jesús incluyó a todos los que lo siguieran por el testimonio de esos primeros seguidores (17:20). ¡Esto significa que estamos en la Biblia y que Jesús oró por nosotros (Ro. 8:34)!

Alucinante.

No temas, porque yo
estoy contigo; del oriente
traeré tu generación, y del
occidente te recogeré. Diré
al norte: Da acá; y al sur:
No detengas; trae de lejos
mis hijos, y mis hijas de los
confines de la tierra, todos
los llamados de mi nombre;
para gloria mía los he
creado, los formé y los hice.

Isaías 43:5–7

Lección 4

¿Qué significa ser elegido?

CAMBIAS DE RUMBO

SIMÓN: Unos días atrás, te miré y te dije: "Yo me encargo". Mentí.

EDÉN: ¿De qué hablas?

SIMÓN: He estado pescando en Shabat porque no he tenido otra opción. Andrés debe impuestos, yo debo impuestos, no hemos podido mantener el ritmo. Hice cosas de las que no me enorgullezco para arreglarlo, y todo está mal y... Estamos en problemas.

EDÉN: ¿Estamos? ¿Qué dices?

SIMÓN: Yo estoy en problemas. Dije "estamos" porque necesitamos un milagro o el problema podría empeorar.

EDÉN: No soy una niña, basta de acertijos. Dime qué sucede.

SIMÓN: Podría ir a prisión. Podríamos perder la casa.

(Ella retrocede).

EDÉN: ¿Qué?

SIMÓN: El corte de mi oreja es de un romano.

EDÉN: ¡Simón!

SIMÓN: ¡Si no obtengo una tonelada de pescado o consigo ayuda de alguna manera me arrestarán!

EDÉN: ¡O matarte! ¡Son romanos!

SIMÓN: Sí, por eso debo irme ahora…

EDÉN: ¿Ir a dónde?

SIMÓN: ¡A pescar! Tengo que pasar el resto de la semana intentando atrapar todos los peces que pueda, y así solucionarlo de alguna manera.

(Ella se da la vuelta, con miedo y disgusto).

SIMÓN (CONT.): Por eso no podemos recibir a Ima, es que no es posible ahora…

(Ella lo voltea a ver).

Ima: palabra hebrea que significa "Madre".

EDEN: No tiene nada que ver con esto. ¡No dejaré que la castigues por tus pecados!

SIMÓN: Edén, no puedes hacer esto.

EDÉN: Tú no vas a decir lo que puedo o no puedo hacer. Has cerrado los ojos a lo que pasa aquí. ¡Y Dios está conmigo, aunque tú no lo estés!

SIMÓN: Lo siento.

EDÉN: ¿Dónde está tu fe?

SIMÓN: ¿Qué?

EDÉN: Me escuchaste.

SIMÓN: La fe no va a darme más pescado, Edén.

Renuncia al control

A muchos de nosotros nos gusta estar en el asiento del conductor. Preferimos seguir el navegador de nuestros teléfonos que esperar a que alguien más nos diga dónde girar, porque nos gusta anticipar las cosas. Queremos ver exactamente qué viene y saber exactamente cuánta distancia falta entre nosotros y nuestro destino. Queremos elegir la ruta, el carril, la música en la radio, y la comida para el camino. Queremos el control.

Sucede que Dios también, y cuando le pertenecemos Su forma de hacer las cosas triunfa sobre la nuestra. O al menos así debería ser. En el episodio 4 de *The Chosen*, llamado "La roca sobre la que se edifica", Simón Pedro está en el asiento del conductor (o su equivalente para un barco de pesca).

Y no le va tan bien.

Tu turno

1. ¿En qué área de tu vida se te dificulta más renunciar al control (relaciones, trabajo, planes a futuro)? En cambio, ¿qué nos sugiere Santiago 4:13–15?

Contexto del AT

Como ya vimos, Israel era la nación escogida por Dios, pero no por lo genial que era. Por el contrario, a pesar de ser elegidos, preservados, protegidos, guiados, amados y apartados desde el principio de los tiempos, desobedecían y rechazaban a Dios una y otra vez. Se eligió a Israel porque su Creador quería demostrar Su amor y soberanía a través de ellos. Fueron elegidos por la genialidad *de Dios*, no la suya. Pero, a pesar de Su favor, la nación pecó al grado de entrar en una guerra civil, lo que resultó en dos naciones distintas: Israel, el reino del norte, y Judá, el del sur. Ambas le fueron infieles a Dios, aunque Judá logró tener un puñado de reyes que obedecieron un poco. Mediante sus líderes, de vez en cuando fieles, Judá cosechó las recompensas de la obediencia de vez en cuando: Dios siguió soportando a Su pueblo, mostrando su fidelidad y misericordia una y otra vez.

Luego llegó el rey Acaz, quien lo estropeó todo.

Acaz fue rey de Judá por el año 735 a. C., apenas unos años después del ministerio de Isaías. Aunque los cuatro reyes anteriores siguieron a Dios, Acaz no. Él adoró a dioses extranjeros, elaboró ídolos y altares en su honor, e incluso quemó a su propio hijo como ofrenda. Pero entonces Israel y Siria se aliaron contra Judá, y los dioses de Acaz no proveyeron ayuda ni paz. "Y se le estremeció el corazón, y el corazón de su pueblo, como se estremecen los árboles del monte a causa del viento" (Is. 7:2).

Y con razón. Judá era pequeña y, según toda medida humana, vulnerable. Pero luego Dios envió a Isaías a profetizar al rey pecador, diciéndole que se arrepintiera y regresara al único Dios verdadero, para así salvar a Judá (Is. 8:11–13). El rey ignoró la advertencia del profeta y decidió confiar en lo que sus ojos podían ver, y fue para la perdición del reino. Para salvarse de los hombres, Acaz confió en hombres. Rogó y sobornó a Asiria para que luchara por ellos, y de hecho sí llegaron a defender a Judá. Conquistaron el territorio israelita del norte y los tomaron cautivos, y luego obligaron a Acaz a servir como un rey vasallo sujeto a Asiria, lo que le costó la misma libertad que quiso proteger.

Bien hecho, Acaz.

Afortunadamente, la desobediencia del rey y su posterior derrota no acabaron con la fidelidad de Dios. La promesa de Dios de traer a la nación israelita de regreso a Sí Mismo, para corregir su camino condenado al fracaso, se cumpliría no solo al traer de regreso a Su pueblo de Asiria y posteriormente de Babilonia; Su promesa de reunir a Sus elegidos se cumpliría con la venida del Mesías.

Tu turno

2. El rey necio de Judá quería mantener su sentido de control, pero Dios ya estaba (y aún está) en control de todo y de todos. Lo que plantea la pregunta, ¿qué crees que le habría pasado a la conspiración de Siria e Israel contra Judá si el rey Acaz hubiera regresado al único y verdadero Rey?

3. En Isaías 43:5, Dios dijo: "No temas, porque yo estoy contigo...", lo cual tiene sentido dado todo lo que venimos diciendo (Dios nos rescata, nos provee y nos guarda). Pero en Isaías 8:11–13, ¿a quién dice Isaías que *deberíamos* temer?

4. Lee Deuteronomio 10:20—11:7. En tus propias palabras, explica por qué Moisés dijo que Israel debería servir a Dios con reverencia y temor.

Yo era... pero Dios... y ahora

El mensaje de Dios al rey Acaz era el mismo que le había dado a Israel una y otra vez: arrepiéntanse y regresen. Sin embargo, la mayoría de ellos no lo hicieron, y así perdieron Su presencia y la protección que conllevaba. Para el Siglo I d. C., Roma ya había conquistado la mayoría del mundo conocido, incluida la tierra prometida. En lugar de llevarlos al exilio, Israel fue invadido y ocupado, y los judíos volvieron a sufrir bajo una potencia extranjera, sin siquiera abandonar su tierra natal.

No es de extrañar que ansiaran un Salvador, alguien que los salvara y que restaurara su libertad, su modo de vida, su esperanza. Buscaban el Mesías profetizado y colectivamente supusieron que Él derrocaría a Roma para establecer Su reino, pero se equivocaban. Jesús no vino a salvar a los judíos de su esclavitud política. Vino a salvarnos a todos de nuestra esclavitud al pecado.

Desafortunadamente, así como Israel, muchos de nosotros preferiríamos ser rescatados de nuestros problemas antes que lidiar con el pecado. Pero nuestro mayor problema *es* el pecado, y el elegirlo por encima de Dios. Por ello en realidad es el pecado el que está al mando de nuestras vidas. No nosotros. Como los tontos que somos, nos abrochamos el cinturón, decimos que nosotros estamos manejando, y luego culpamos a Dios al caer en una zanja.

El asunto es que pertenecer a Dios no se trata de aceptar Su ayuda, provisión y protección cuando nos convenga. Se trata de arrepentirnos y volver a nuestro Creador y al único y verdadero Rey, el que lo sabe todo, lo controla todo, y que en todo nos ayuda "a bien, esto es, a los que conforme a Su propósito son llamados" (Ro. 8:28). Cuando nos arrepentimos y volvemos a Él, nuestras vidas cambian y nos convertimos en el pueblo que Él quería que fuéramos, al igual que nuestros hermanos y hermanas del NT. Porque el cambio que cada seguidor de Jesús experimenta, ya sea en el Siglo I o el XXI, se puede resumir así: Yo era. Pero Dios. Y ahora.

María Magdalena era una mujer destrozada y gobernada por el mal, abandonada y avergonzada de quien se había convertido. **Pero Dios** la rescató, la aceptó y la restauró. **Y ahora** la recordamos por ser una de los que siguieron fielmente a Jesús, incluso financió Su ministerio, y fue la primera persona a la que se reveló después de Su resurrección.

"Y lo que sucedió en el medio fue Él".

Nicodemo era egocéntrico, orgulloso y confiado en su propia capacidad para guiar. **Pero Dios** lo humilló y fue paciente con sus preguntas, incluso con su falta de fe. **Y ahora** lo recordamos por buscar respuestas de Jesús, lo que lo acercó mucho más a tenerlas.

Mateo era rebelde, solitario y despreciado por servir al enemigo. **Pero Dios** lo buscó de todos modos, lo llamó a seguirle y le dio la bienvenida a Su familia. **Y ahora** lo recordamos por servir a Jesús, por ser uno de los doce apóstoles y por escribir el primer libro del Nuevo Testamento.

Simón era autosuficiente, atrevido e impulsivo, "semejante a la onda del mar, que es arrastrada por el viento" (Stg. 1:6). **Pero Dios** le reveló sus límites a Simón y lo llamó a seguir a Aquel que no tiene límites (#MiracleOfTheFish). **Y ahora** a Simón lo recordamos por ser fiel y constante, y por vivir a la altura del nombre que Jesús le dio: Pedro, que significa "piedra".

> ...tú eres Pedro, y sobre esta roca edificaré mi iglesia; y las puertas del Hades no prevalecerán contra ella (Mt. 16:18).

Arrepentirnos de nuestro pecado y **volver** a nuestro Creador requiere un cambio de rumbo. Por definición, seguir a Jesús significa ir a donde *Él vaya* y hacer lo que *Él hace*, no elegir por nosotros mismos. Significa cederle el control que creemos tener, pasarnos al asiento del pasajero y darle las llaves a Jesús. Significa creer que Su camino es mejor que el nuestro. Significa confiar que Dios nos guiará tan fiel y amorosamente como lo hizo con Israel, y que con el paso del tiempo nos volveremos más como Jesús y menos como lo que *éramos*.

Tu turno

5. ¿Cuál es la historia de tu acercamiento a Jesús?

(Nota al margen: cada etapa es un proceso, así que no te sientas mal si tu historia sigue en desarrollo).

Yo era ____.

Pero Dios ______________________________________.

Y ahora _______________________________________.

6. Lee Lucas 5:1–11. El momento en que Simón se dio cuenta de que era totalmente indigno de estar en la presencia de Jesús también fue cuando lo dejó todo para seguirlo y permanecer en Su presencia. Explica la correlación.

7. Seguir a Jesús significa rendirse a Él. ¿Para ti qué significan las palabras *rendirse* y (aún más polémico) *someterse*?

Jesús es nuestro líder

A muchos de nosotros no nos gusta someternos. Además de nuestro fuerte deseo por tener el control, la idea de someternos es insultante, incluso degradante, pero sencillamente no es posible mantener el control y seguir a Jesús al mismo tiempo. Y seguir a Jesús es obligatorio para tener una relación con Él.

> Cuando [Jesús] terminó de hablar, dijo a Simón: Boga mar adentro, y echad vuestras redes para pescar. Respondiendo Simón, le dijo: Maestro, toda la noche hemos estado trabajando, y nada hemos pescado; mas en tu palabra echaré la red. Y habiéndolo hecho, encerraron gran cantidad de peces, y su red se rompía. Entonces hicieron señas a los compañeros que estaban en la otra barca, para que viniesen a ayudarles; y vinieron, y llenaron ambas barcas, de tal manera que se hundían. Viendo esto Simón Pedro, cayó de rodillas ante Jesús, diciendo: Apártate de mí, Señor, porque soy hombre pecador. [...] Pero Jesús dijo a Simón: No temas; desde ahora serás pescador de hombres. Y cuando trajeron a tierra las barcas, dejándolo todo, le siguieron (Lc. 5:4–8, 10–11).

Dejarlo todo fue muy literal para ellos; su modo de vida dependía totalmente de sus barcas e instrumentos de pesca, aparte del estar cerca del agua. Pero cuando Simón Pedro se dio cuenta de que Jesús era el Mesías prometido, se humilló mucho y al instante.

Cualquier noción de control que tenía desapareció, y en su lugar quedaron la sumisión y un deseo de servir a Aquel que *realmente* tenía el control. Entonces Simón hizo la única cosa lógica:

Se sometió a Jesús y llamó "Señor".

Señor: alguien con poder y autoridad sobre otro; Amo, Gobernante.

SIMÓN: Mi hermano y el bautista dicen que... que eres el Cordero de Dios, ¿verdad?

JESÚS: Lo soy.

SIMÓN: Aléjate de mí. Soy un hombre pecador. No sabes quién soy, ni las cosas que he hecho.

JESÚS: No tengas miedo, Simón.

SIMÓN: Lo siento. Te hemos esperado por tanto tiempo, creímos, pero mi fe... Lo siento.

JESÚS: Levanta tu cabeza, pescador.

SIMÓN: ¿Qué quieres de mí? Cualquier cosa que me pidas, lo haré.

JESÚS: Sígueme.

(Simón lo mira a los ojos; ve algo en ellos que nunca había visto antes. Está cautivado).

SIMÓN: Lo haré.

Tu turno

8. Explica con tus propias palabras por qué la salvación mediante la fe en Jesús es gratuita, pero seguirlo nos cuesta todo.

9. Lee Mateo 7:21–23, donde Jesús declaró claramente que no todos los que afirman conocerlo realmente lo hacen. ¿Cuál es la evidencia de un verdadero seguidor? (Pista: relee la segunda mitad del versículo 21).

10. ¿Qué área de tu vida necesitas dejar atrás para seguir a Jesús más plenamente?

Enfoque de la oración

Si nunca te has rendido ante Jesús como Señor, **haz el cambio** hoy; si quieres, repite las palabras de Simón Pedro. Si ya eres un seguidor de Jesús, **agradécele** de nuevo por morir por tus pecados, por resucitarte a una vida nueva en Él, y por guiarte paciente y fielmente. **Pídele** que te dé orientación específica en cuanto a las decisiones que debes tomar y el camino que debes seguir. **Ora** por humildad y **determinación** para seguirlo contínuamente.

Estudio adicional

- Los eruditos a menudo señalan un cambio importante de la colección de profecías en Isaías 1–39 (cuyo tono es más sombrío) a las de Isaías 40–66 (cuyo tono es más optimista). De hecho, algunos insisten que los cambios son tan drásticos que las dos mitades del libro no se podrían haber escrito por la misma persona, aunque nosotros estamos en desacuerdo. Después de todo, un individuo puede tener gran variedad de experiencias, y el cambio de tono en Isaías solo ilustra cómo Dios suele cambiar la dirección de las vidas de Sus seguidores.

- La palabra "recoger" que aparece en Isaías 43:5 en la traducción al griego antiguo es la misma palabra usada en el NT para reunir a gente, cosechas y peces. En Mateo 13:47, Jesús dijo: "Asimismo el reino de los cielos es semejante a una red, que echada en el mar, recoge de toda clase de peces...". Así que Jesús comparó la selección de peces con seleccionar personas; apartando a los que son justos por su encuentro con Él de los que no (Mt. 13:1–52; observa la parábola del sembrador que Jesús compartió desde una barca en el 13:1–23, y que del 13:14–15 Jesús citó a Isaías 6:9–10).
- Los judíos del primer siglo esperaban un cumplimiento específico de la predicción de Moisés de que Dios proveería un nuevo profeta como él para guiar al pueblo (Dt. 18:15–19) por referencias al "Profeta" (Jn. 1:21; 1:25; 6:14; 7:40) y al "que había de venir" (Lc. 7:18–35; Mt. 11:2–19). A la luz de esto, lee la conversación de Jesús con Moisés y Elías en el monte en Lucas 9:28–36. Observa todas las alusiones al éxodo del AT que Lucas usa para narrar la historia, con el fin de mostrar que Jesús era el líder del nuevo éxodo.

Dato curioso: la palabra para la "partida" que Jesús iba a cumplir (Lc. 9:31) es literalmente la palabra griega "éxodo" (ἔξοδος). Y Jesús lo confirmó cuando dijo: "Porque si creyerais a Moisés, me creeríais a mí, porque de mí escribió él" (Jn. 5:46).

¿Qué más queda por decir?

Sacad al pueblo ciego que tiene ojos, y a los sordos que tienen oídos. Congréguense a una todas las naciones, y júntense todos los pueblos. ¿Quién de ellos hay que nos dé nuevas de esto, y que nos haga oír las cosas primeras? Presenten sus testigos, y justifíquense; oigan, y digan: Verdad es. Vosotros sois mis testigos, dice JEHOVÁ, y mi siervo que yo escogí, para que me conozcáis y creáis, y entendáis que yo mismo soy; antes de mí no fue formado dios, ni lo será después de mí.

Isaías 43:8–10

Lección 5

¿Qué significa ser elegido?

ERES UN TESTIGO

JUAN EL BAUTISTA: Pensé que me preguntaría por los milagros.

NICODEMO: Pero primero quería contarte sobre un milagro que he visto, pero no logro comprender.

JUAN EL BAUTISTA: Y después hacer las acusaciones.

NICODEMO: Esto es inútil. Está claro que no eres un loco lunático, pero veo que eres muy irracional.

JUAN EL BAUTISTA: ¿Tú me encarcelas, y luego me acusas de estar malhumorado por eso?

NICODEMO: ¡No soy tu captor! ¿Acaso no lo entiendes? Esta es una celda romana. Vine a hablar con el carcelero en tu nombre.

JUAN EL BAUTISTA: ¿En mi nombre? ¿Por qué estás aquí realmente?

NICODEMO: La respuesta oficial es que eres un ciudadano judío. Y si has roto la ley judía, eso establece un precedente peligroso para permitir que Roma te juzgue.

JUAN EL BAUTISTA: ¿Y la razón real?

(Nicodemo toma asiento en el taburete. Reflexiona por un momento).

NICODEMO: ¿La verdad? Estoy lejos de casa, y estoy buscando en lugares a los que nunca iría porque estoy buscando una explicación para algo que no puedo dejar de ver.

Testificar: ver, oír o saber mediante experiencia personal; dar u ofrecer evidencia de algo.

Ojos ciegos

Muchas cosas compiten por nuestra atención. Establecemos metas y planes a cinco años, opiniones y afiliaciones políticas, necesidades y responsabilidades, relaciones y una reputación por mantener, y formas específicas en que queremos desarrollar nuestra vida. Pero lo que priorizamos y buscamos suele ser también donde ponemos nuestra esperanza: esperanza de encontrar la felicidad, la estabilidad, la integridad.

Resulta que no hay nada nuevo bajo el sol, porque la gente de la época de Jesús también solía esperar en cosas erróneas. En el episodio 5 de *The Chosen*, llamado "El regalo de bodas", los padres esperan una unión que beneficiará a sus hijos y una celebración que cimentará su posición en la comunidad. Los recién casados esperan una vida feliz y sana llena de amor, hijos y sueños logrados juntos. Los discípulos esperan que Jesús interrumpa la celebración para revelarse como el Mesías y acelerar su liberación de Roma. Y los invitados en la boda esperan una fiesta realmente buena.

No hay nada de malo con eso. A menos que cualquiera de esas cosas nos impidiera ver con claridad. Y sí.

Tu turno

1. ¿Cuáles son tus mayores prioridades en la vida? Es decir, ¿a qué dedicas el mayor tiempo y energía para alcanzar? (Responde con honestidad, por favor).

Contexto del AT

Ya hablamos sobre el éxodo del pueblo escogido por Dios de Egipto, pero los milagros no comenzaron ahí. Antes de que Moisés se animara a entrar en la habitación del trono del faraón para exigir la liberación de los israelitas, Dios se encontró con él en el desierto:

> Apacentando Moisés las ovejas de Jetro su suegro, sacerdote de Madián, llevó las ovejas a través del desierto [...] Y se le apareció el Ángel de JEHOVÁ en una llama de fuego en medio de una zarza; y él miró, y vio que la zarza ardía en fuego, y la zarza no se consumía. Entonces Moisés dijo: Iré yo ahora y veré esta grande visión, por qué causa la zarza no se quema. Viendo JEHOVÁ que él iba a ver, lo llamó Dios de en medio de la zarza, y dijo: ¡Moisés, Moisés! Y él respondió: Heme aquí. Y dijo: No te acerques; quita tu calzado de tus pies, porque el lugar en que tú estás, tierra santa es. Y dijo: Yo soy el Dios de tu padre, Dios de Abraham, Dios de Isaac, y Dios de Jacob. Entonces Moisés cubrió su rostro, porque tuvo miedo de mirar a Dios.
>
> Dijo luego JEHOVÁ: Bien he visto la aflicción de mi pueblo que está en Egipto, y he oído su clamor a causa de sus exactores; pues he conocido sus angustias, y he descendido para librarlos de mano de los egipcios [...] Ven, por tanto, ahora, y te enviaré a Faraón, para que saques de Egipto a mi pueblo, los hijos de Israel. Entonces Moisés respondió a Dios: ¿Quién soy yo para que vaya a Faraón, y saque de Egipto a los hijos de Israel? Y [Dios] respondió: Ve, porque yo estaré contigo [...].
>
> Dijo Moisés a Dios: He aquí que llego yo a los hijos de Israel, y les digo: El Dios de vuestros padres me ha enviado a vosotros. Si ellos me preguntaren: ¿Cuál es su nombre?, ¿qué les responderé? Y respondió Dios a Moisés: YO SOY EL QUE SOY (Ex. 3:1–14).

Era una tarea difícil. Los faraones egipcios no solo eran reyes; se les consideraba dioses sobre la tierra. Pararse frente a uno y exigir cualquier cosa habría sido una sentencia de muerte. Pero Moisés había estado en la presencia del único Dios verdadero, era un testigo y no podía negar lo que vio ni ignorar las instrucciones que recibió.

Moisés fue llamado a servir al Rey de Reyes, y apelar al faraón en Su nombre. "YO SOY EL QUE SOY" fue el nombre que Dios se dio a Sí mismo porque no tiene límite y porque ninguna palabra podría jamás transmitir la plenitud de Su carácter. Dios es todopoderoso, todo lo sabe, todo lo ve; por lo tanto, el hombre que encadenó a Israel estaba a punto de enfrentarse con Aquel que podía aplastarlo como a un insecto. Y que en última instancia lo hizo.

YO SOY EL QUE SOY: este nombre divino, como se le conoce, proviene de las letras hebreas equivalentes a YHWH, y de ahí obtenemos la palabra española "Jehová".

Saltémonos unos nueve siglos, cuando Isaías estaba apelando a la nación de Israel en nombre de Dios: "Vosotros sois mis testigos, dice JEHOVÁ, y mi siervo que yo escogí, para que me conozcáis y creáis, y entendáis que yo mismo soy; antes de mí no fue formado dios, ni lo será después de mí" (Is. 43:10).

Una y otra vez Israel había visto el poder de Dios: en Egipto, a través del mar Rojo y hasta la tierra prometida. Habían visto cómo Dios reunía, protegía y proveía de maneras tan milagrosas, mas no solo por su bien. Como testigos, debían aprovechar su experiencia de primera mano para testificar sobre el carácter del único Dios verdadero, para apelar a los pueblos a su alrededor que adoraban dioses falsos y creían en cosas que no eran ciertas.

De *eso* se trataba, al igual que cuando Jesús hacía milagros.

Tu turno

2. Faraón se negó a liberar a los israelitas en diez ocasiones. Así que Dios desató diez plagas sobre su tierra (Ex. 7–11). ¿Dé qué manera era el faraón *ciego, pero con ojos, y sordo, pero con oídos* (Is. 43:8)?

3. En Isaías 43:8–10, Dios desafió al pueblo a presentar cualquiera que pudiera profetizar, luego señaló a los israelitas y dijo "ustedes son mis testigos", porque ellos *habían* experimentado Su poder para profetizar, provocar, conquistar y controlar. En tu opinión, ¿qué clase de responsabilidad conlleva ese tipo de conocimiento?

Profecía:
el poder de anunciar
con antelación
cosas que pasarán.

4. En la antigüedad, la gente adoraba a dioses "hechos de manos de hombres, de madera y piedra" (Dt. 4:28), y también adoraban a personas como el faraón que afirmaba cosas divinas (sin poderlas respaldar). Si bien los tiempos y la cultura han cambiado, ¿qué y a quién adoramos ahora en lugar del único Dios verdadero?

Ve y habla

Al tercer día se hicieron unas bodas en Caná de Galilea; y estaba allí la madre de Jesús. Y fueron también invitados a las bodas Jesús y sus discípulos. Y faltando el vino, la madre de Jesús le dijo: No tienen vino.

Juan 2:1–3

En la época de Jesús, el vino era básico para la alimentación y necesario para toda celebración. Pero en esta boda se les había acabado el vino, algo increíblemente humillante para la familia del esposo. La madre de Jesús se encargó de hallarlo y ponerle al tanto. "No tienen vino", dijo, pero su tono de urgencia era claro: *¡ayuda*!

Los nuevos discípulos de Jesús observaron cómo instruía a los siervos a llenar tinajas con agua. Obedecieron en todo, e incluso llevaron un vaso de esa agua al encargado del banquete. En algún momento entre la extracción y la entrega, el agua se convirtió en vino. La fiesta y la reputación de sus amigos se había salvado, y surgieron nuevos testigos de la verdadera identidad de Jesús (Jn. 2:6–11).

María Magdalena pudo o no haber estado en la boda, pero ser rescatada de siete demonios la había convencido con creces sobre quién era realmente Jesús. Ella había sido liberada de la muerte, por lo que siguió a Jesús hasta la Suya. De hecho, ella fue una de las pocas personas que estuvo con Él hasta el final.

Pero no fue solo ese primer milagro lo que cimentó su lealtad a Jesús; su lealtad creció mientras ella lo seguía. Ella escuchó atentamente Su enseñanza, se maravilló de su compasión y se volvió ferozmente leal a Aquel que sanó a los oprimidos y liberó a los cautivos. El tiempo que pasó con Él, junto con cada milagro posterior, corroboró lo que ya sabía: que Jesús era el Hijo de Dios. Entonces María fue su testigo.

Nicodemo mostró destellos de fe, pero no sabemos si llegó a aceptar plenamente a Jesús como Señor. Las Escrituras dejan claro que fue receptivo, porque solicitó una reunión secreta con Jesús para hacerle muchas preguntas. Claro, no quería ser como, los que son "ciegos teniendo ojos, y sordos teniendo oídos" (Is. 43:8), y confesó: "Rabí, sabemos que has venido de Dios como maestro; porque nadie puede hacer estas señales que tú haces, si no está Dios con él" (Jn. 3:2). Pero Nicodemo no llegó a conocer ni entender que Jesús es el Hijo de Dios —por lo menos en ese momento—, y casi no se vuelve a hablar de él en las Escrituras.

Algunos piensan que la participación de Nicodemo en la sepultura de Jesús insinúa que se había vuelto un seguidor de verdad (Jn. 19:39).

Mateo eventualmente se volvió un seguidor de Jesús, incluso escribió un testimonio de primera mano en el NT: el Evangelio de Mateo. Aunque no sabemos exactamente por qué decidió abandonar su profesión en el momento en que fue llamado, tenemos una idea clara gracias a su propio recuento del suceso:

> Entonces, entrando Jesús en la barca, pasó al otro lado y vino a su ciudad. Y sucedió que le trajeron un paralítico, tendido sobre una cama; y al ver Jesús la fe de ellos, dijo al paralítico: Ten ánimo, hijo; tus pecados te son perdonados. Entonces algunos de los escribas decían dentro de sí: Este blasfema. Y conociendo Jesús los pensamientos de ellos, dijo: ¿Por qué pensáis mal en vuestros corazones? Porque, ¿qué es más fácil, decir: Los pecados te son perdonados, o decir: Levántate y anda? Pues para que sepáis que el Hijo del Hombre tiene potestad en la tierra para perdonar pecados (dice entonces al paralítico): Levántate, toma tu cama, y vete a tu casa. Entonces él se levantó y se fue a su casa. [...]
>
> Pasando Jesús de allí, vio a un hombre llamado Mateo, que estaba sentado al banco de los tributos públicos, y le dijo: Sígueme. Y se levantó y le siguió (Mt. 9:1–7, 9).

Quizás Mateo presenció el milagro que precedió a su llamado. Quizás creyó que Jesús tenía el poder de perdonar su multitud de pecados. Sin importar la razón, los ojos y oídos de Mateo fueron abiertos. Cuando llegó el momento, lo dejó todo para seguir a Jesús y se convirtió en un testigo fiel por el resto de su vida.

Simón también creyó lo que había visto y oído, y seguramente fue uno de los discípulos presentes en la boda de Caná. Sin duda, presenciar cómo el agua se convirtió en vino, junto con la pesca milagrosa de tantos peces, confirmó su nueva fe en que Jesús era el Mesías. Por los siguientes tres años, Simón consolidó su lealtad a Jesús, así como su disposición para llevar audazmente el mensaje de salvación de Dios a los confines de la tierra.

De esto se trata: los seguidores de Jesús ven, creen y comprenden que Él es el Hijo de Dios, el Salvador del Mundo. Entonces, como Moisés, Isaías, María, Mateo y Simón, se convierten en testigos al servicio del único Rey verdadero.

Tu turno

5. Los primeros cuatro libros del Nuevo Testamento son relatos del primer siglo sobre los tres años del ministerio de Jesús, escritos por hombres que estaban vivos en ese momento. ¿De qué forma saber esto cambia tu manera de leerlos?

6. Ser un testigo significa "ver, oír o saber mediante la experiencia personal". Describe tu experiencia personal con Jesús, y toma este tiempo para testificar a tu propio corazón sobre lo que Él ha hecho por ti.

7. La conversación entre Juan el Bautista y Nicodemo en este episodio dramatiza la curiosidad de Nicodemo; ha visto cosas que no tienen sentido y las investiga con sinceridad. Lee Proverbios 30:4 (el versículo que Juan cita al responder a Nicodemo), y responde las preguntas que el fariseo curioso no pudo. *¿Quién subió al cielo, y descendió?*

Jesús es el único Rey verdadero

Algunos dicen que Jesús nunca afirmó ser Dios, que era un hombre bueno y un maestro poderoso, un altruista y un ejemplo a seguir, pero que Sus seguidores le agregaron lo "divino".

Incorrecto. No solo hubo testigos de Sus milagros (relatos corroborados y registrados por varias personas), Él mismo se identificó de la misma manera que Dios lo hizo con Moisés: "Jesús les dijo: De cierto, de cierto os digo: Antes que Abraham fuese, yo soy. Tomaron entonces piedras para arrojárselas" (Jn. 8:58–59). No se trata de si Jesús afirmó ser Dios o no; el contexto del AT deja claro que lo fue, y por eso los líderes religiosos lo quisieron matar.

Más bien la pregunta es *¿tú* crees en Él? Y si tu respuesta es afirmativa, ¿qué clase de responsabilidad conlleva ese tipo de conocimiento? Ten aquí una pista, y un último vistazo a nuestro versículo clave: "Vosotros sois mis testigos, dice JEHOVÁ, y mi siervo que yo escogí, para que me conozcáis y creáis, y entendáis que yo mismo soy".

Como el pueblo elegido por Dios, debemos servir al único Rey verdadero, y adorarlo solo a Él. Y luego debemos testificar en Su nombre, compartir nuestro conocimiento y experiencia de Dios con otros, y declarar que ninguna cosa que hagamos nos puede salvar de las consecuencias del pecado. No hay esfuerzo ni logro que pueda satisfacer nuestras almas, y ninguna otra relación más que la que tenemos con Jesús nos puede conducir al reino de los cielos.

> NICODEMO *(volteando para irse)*: Nunca debí haber venido.
>
> JUAN EL BAUTISTA: Toda tu vida has estado dormido.
>
> *(Nicodemo se detiene, y escucha sin darse la vuelta).*
>
> JUAN EL BAUTISTA (CONT.): Has preparado el camino para el Rey. Él está aquí para despertar al mundo, pero algunos querrán quedarse dormidos. Están enamorados de la oscuridad.
>
> Me pregunto en cuál estás tú...

Tu turno

8. Incluso en su búsqueda por la verdad, Nicodemo se resistía a ella. ¿Qué factores provocan que la gente se resista? ¿En qué área(s) de tu vida y a qué grado te estás resistiendo?

9. Lee Juan 10:30–33, 37–39. A pesar de las señales milagrosas que hacía Jesús, algunos nunca creyeron; algunos hasta lo odiaron. ¿De qué manera saber que Jesús experimentó reacciones positivas y negativas impacta tu disposición a ser un testigo Suyo?

10. Cerca del final del episodio, Jesús le dice a Tomás: "Ven conmigo, y te mostraré una nueva forma de contar y medir. Una nueva forma de ver el tiempo". ¿A qué se refiere, y cómo impacta tus prioridades?

Enfoque de la oración

Da gracias a Dios por la Biblia, nuestro registro escrito de la historia y testimonio de Sus acciones en el mundo. Dale las gracias por Su intervención en tu vida y en la de la gente a tu alrededor. Dale las gracias por Jesús, el único Hijo de Dios, quien estuvo dispuesto a ejecutar el poder y amor de Dios en la tierra, no por Su bien, sino por el nuestro. **Pídele** a Dios que te dé valentía y oportunidades para decirle a otros lo que has conocido, creído y entendido de Él.

Estudio adicional

- Isaías alude a que la sanidad de los ciegos y sordos es una imagen del rescate poderoso de Dios. En Isaías 43:8, la misma imagen se utiliza para describir a un pueblo obstinado, quienes son capaces de ver y oír, pero se niegan. Cuando iniciaba su ministerio, se le advirtió a Isaías que muchos israelitas ciertamente se negarían a contemplar el poder de Dios y Su llamado (Is. 6:8–10). Curiosamente, Jesús hizo referencia al mismo pasaje durante Su ministerio como una advertencia para los que se rehusaron a escuchar Su mensaje (Mt. 13:10–17; Mc. 4:10–12; Lc. 8:9–10, y Jn. 9:39).
- Compara Isaías 40:3-5 y Lucas 3:1–6. Juan el Bautista asumió su papel de testigo, proclamando la llegada del único Rey verdadero. Señaló

explícitamente: "Yo no soy el Cristo [...] Yo soy la voz de uno que clama en el desierto: Enderezad el camino del Señor, como dijo el profeta Isaías" (Jn. 1:20, 23). También les recordó a sus oyentes: "Vosotros mismos me sois testigos de que dije: Yo no soy el Cristo, sino que soy enviado delante de él. El que tiene la esposa, es el esposo; mas el amigo del esposo, que está a su lado y le oye, se goza grandemente de la voz del esposo; así pues, este mi gozo está cumplido. Es necesario que él crezca, pero que yo mengüe" (Jn. 3:28–30).

Yo, yo Jehová, y fuera de mí no hay quien salve. Yo anuncié, y salvé, e hice oír, y no hubo entre vosotros dios ajeno. Vosotros, pues, sois mis testigos, dice Jehová, que yo soy Dios. Aun antes que hubiera día, yo era; y no hay quien de mi mano libre. Lo que hago yo, ¿quién lo estorbará?

Isaías 43:11–13

Lección 6

¿Qué significa ser elegido?

ERES RENOVADO

(María grita mientras un hombre con cabello fibroso y rasgos demacrados, devastado por la lepra, tropieza hacia el grupo).

"Ningún dios ajeno" = ningún dios falso, alterno, ni ídolos.

JUAN: Es un leproso. ¡Atrás!

(Santiago y Juan se interponen rápidamente entre María y el leproso. Santiago el menor cubre su boca con su bufanda, mientras el grupo retrocede).

SANTIAGO EL MENOR: ¡Cubran sus bocas! ¡No respiren su aire!

(Juan saca un cuchillo de su cinto con celo y lo blande).

JUAN: No sigas acercándote.

(Pero Jesús se acerca al leproso).

JESÚS: Está bien, Juan. Está bien.

ARTESANO *(Arrojándose desesperado boca abajo ante Jesús)*: Por favor, por favor.

(Jesús levanta una mano para silenciar los gritos de precaución de sus seguidores).

ARTESANO (CONT.): No te alejes de mí.

JESÚS: No lo haré.

ARTESANO: Señor, si estás dispuesto, puedes limpiarme. Solo si quieres. Me entrego a Ti. Mi hermana era una sirvienta en la boda y me dijo lo que puedes hacer. Sé que puedes sanarme si quieres.

(Jesús hace un gesto de compasión desgarradora. Traga con fuerza para recuperar la voz).

> JESÚS: Estoy dispuesto.
> *(Extiende la mano).* Serás limpiado.

Transformación

A veces es más fácil venir a Jesús que permanecer con Él. Experimentamos una crisis o una necesidad que nos lleva a Él, pero resurgen los viejos patrones de conducta. Las malas influencias, pensamientos erróneos, traumas, deseos de pecar; una gran cantidad de cosas pueden reaparecer, de modo que se vuelve difícil creer que una nueva forma de vivir y de ser sea posible. Pero sí lo es.

En el episodio 6 de *The Chosen*, llamado "Una compasión indescriptible", un hombre que sufre de lepra se acerca a Jesús en desesperada necesidad. En la antigüedad, la lepra era una aflicción viciosa sin cura. Deformaba a sus víctimas al causar bultos y hacer que crecieran heridas como escamas sobre el cuerpo, e incluso podría conducir a la degeneración total de la piel y la torsión de los huesos. Los dedos de las manos y los pies, las orejas y la nariz a veces se pudrían, provocando dificultad para respirar y era probable que quedaran ciegos. Así, era casi imposible hacer el trabajo requerido para sobrevivir.

El uso moderno del término *lepra* se suele limitar a la enfermedad de Hansen, una infección bacteriana de crecimiento lento que afecta los nervios, la piel, los ojos y la nariz, y puede provocar pérdida de sensación, parálisis y ceguera. Sin embargo, en los tiempos bíblicos el término *lepra* se refería a varias afecciones de la piel.

Los sospechosos de haber contraído lepra tenían que mostrarse al sacerdote, quien evaluaría su condición y los diagnosticaría como "limpios" o "inmundos"; ser "inmundo" significaba que se les daban por muertos, y se les expulsaba de la ciudad para evitar la propagación de la enfermedad. Se les obligaba a vivir en tiendas o cuevas en colonias designadas, portaban campanas para alertar de su presencia y debían gritar "¡Inmundo! ¡Inmundo!" si alguien se les acercaba más de lo que era lícito. Habiendo sido arrancados de sus hogares, familias, amigos y cualquier otra comodidad de la vida, la muerte era su única esperanza de alivio.

Corrección: la muerte era su única esperanza aparte de Jesús.

Tu turno

1. Al igual que el leproso del episodio 6, algunos llegan a Jesús de manera radical. Otros experimentan un cambio gradual en sus vidas. Sin importar lo rápido o lento, Jesús siempre transforma la vida de Sus seguidores. ¿Qué cambios ha hecho en tu vida? ¿Qué cosas nuevas aún esperas que sucedan?

Contexto del AT

La nación israelita tenía un problema de persistencia. Una y otra vez, en el Antiguo Testamento, los vemos clamar a Dios en una crisis, solo para volverse infieles a Él una vez rescatados. Pero Dios permaneció fiel a ellos, hasta el punto de reformar el sistema.

> He aquí que vienen días, dice JEHOVÁ, en los cuales haré nuevo pacto con la casa de Israel y con la casa de Judá. No como el pacto que hice con sus padres el día que tomé su mano para sacarlos de la tierra de Egipto; porque ellos invalidaron mi pacto, aunque fui yo un marido para ellos, dice JEHOVÁ. Pero este es el pacto que haré con la casa de Israel después de aquellos días, dice JEHOVÁ: Daré mi ley en su mente, y la escribiré en su corazón; y yo seré a ellos por Dios, y ellos me serán por pueblo. [...] porque perdonaré la maldad de ellos, y no me acordaré más de su pecado (Jer. 31:31–34).

En cada nueva circunstancia, Dios le dio a Israel la oportunidad de serle fiel, pero en lugar de eso, ellos fueron *infieles* porque la humanidad es incapaz de mantener el rumbo. Tarde

El ciclo del pecado

(Véase el ciclo original, p. 21)

o temprano, seguimos nuestro propio camino, pecaminoso, torpe y destructivo. Leemos sobre el pueblo escogido del AT y nos maravillamos de su estupidez. *¿Cómo podría un pueblo que experimentó milagros tan grandes como el mar Rojo desobedecer una y otra vez al Dios que los amaba?*

Pero en realidad somos iguales a ellos, porque ninguno de nosotros es capaz de hacer el bien. Por lo menos no solos, y ciertamente no de forma duradera. Pecamos, nos arrepentimos, regresamos, y lo repetimos; lo que significa que Israel era la imagen viviente de la desesperada necesidad de un cambio de la humanidad. Uno que vino de adentro hacia afuera.

Tu turno

A lo largo del AT, Dios reveló Su plan de redención mediante una serie de pactos:

El pacto abrahámico	El pacto mosaico	El pacto davídico	El nuevo pacto
Dios le prometió a Abraham y a sus descendientes que serían una nación grande, tendrían una tierra natal, y serían una bendición para el mundo.	Dios les prometió a los israelitas que serían partícipes de las bendiciones abrahámicas si amaban a Dios y a sus vecinos, obedecían Su ley, y lo representaban ante el mundo.	Dios le prometió a David y a la nación israelita paz y seguridad mediante un descendiente de David que gobernaría como rey eterno.	Dios le prometió a Su pueblo vidas restauradas y Su ley internalizada en sus corazones, junto con un profundo conocimiento de Él y con el perdón de pecados.
Génesis 17:1–21	Éxodo 19–24	2 Samuel 7:1–29, 23:5	Jeremías 31:31–34; Ezequiel 36:26–27

2. Los pactos abrahámico, davídico y nuevo fueron incondicionales. El pacto mosaico fue condicional. Sobre la tabla anterior, subraya qué les exigió Dios a los israelitas en el pacto mosaico para asegurar Sus bendiciones.

3. Lee Jeremías 31:31–34. En el pacto mosaico, Dios escribió Su ley —los diez mandamientos— sobre dos tablas de piedra (Ex. 34:1; Dt. 10:1–5). En el nuevo pacto, Dios escribe Su ley en nuestros ______________________________.

4. ¿Por qué crees que el fracaso continuo de Israel por guardar el pacto mosaico llevó a que Dios revelara el nuevo pacto, y esto qué te dice de Su carácter?

Pacto: un acuerdo formal y vinculante.

Incondicional: absoluto, no limitado ni logrado por mérito.

Condicional: sujeto a requisitos que se cumplan.

El pacto mosaico dejó en claro la necesidad de que Jesús hiciera lo que nosotros nunca podríamos. Por ello el nuevo pacto nunca fue un plan B, sino que siempre fue el plan A.

Jesús = plan A.

De adentro hacia afuera

Aconteció un día, que [Jesús] estaba enseñando, y estaban sentados los fariseos y doctores de la ley, [...] Y sucedió que unos hombres que traían en un lecho a un hombre que estaba paralítico, procuraban llevarle adentro y ponerle delante de él. Pero no hallando cómo hacerlo a causa de la multitud, subieron encima de la casa, y por el tejado le bajaron con el lecho, poniéndole en medio, delante de Jesús. Al ver él la fe de ellos, le dijo: Hombre, tus pecados te son perdonados. Entonces los escribas y los fariseos comenzaron a cavilar, diciendo: ¿Quién es éste que habla blasfemias? ¿Quién puede perdonar pecados sino sólo Dios? Jesús entonces, conociendo los pensamientos de ellos, respondiendo les dijo: ¿Qué caviláis en vuestros corazones? ¿Qué es más fácil, decir: Tus pecados te son perdonados, o decir: Levántate y anda? Pues para que sepáis que el Hijo del Hombre tiene potestad en la tierra para perdonar pecados (dijo al paralítico): A ti te digo:

> Levántate, toma tu lecho, y vete a tu casa. Al instante, levantándose en presencia de ellos, y tomando el lecho en que estaba acostado, se fue a su casa, glorificando a Dios.
>
> Lucas 5:17–25

La gente venía a Jesús por Sus milagros, pero los milagros no eran lo importante; sanar el cuerpo demostraba el poder de Jesús y Su voluntad para sanar el corazón. Hasta ese entonces, los maestros de la ley creían en el poder de la ley. Suponían que obedecer los Diez Mandamientos (junto con todas las demás reglas agregadas) era el camino para recibir el perdón y la renovación. Pero el problema es que no podemos alcanzar la salvación mediante obras. No podemos *no* pecar. No podemos obedecer la ley por nuestras fuerzas, ni perfecta, ni total, ni constantemente. Al igual que los israelitas, nos desviamos del Dios que nos ama. Al igual que los israelitas, incluidos María, Nicodemo, Mateo y Simón, necesitamos un sistema renovado, uno que dependa de la bondad de Jesús en vez de la nuestra.

María Magdalena es la imagen por excelencia de ser renovado. Estaba poseída por demonios y gobernada por la oscuridad, junto con toda la vergüenza y el aislamiento que conllevaba. Era incapaz de estar presentable ante Dios. Mas en un instante fue sanada, y su cuerpo y su corazón transformados.

Nicodemo era un maestro de la ley, respetado y estimado por su comportamiento "justo", confiado de su sabiduría… hasta que Jesús entró en escena. A decir verdad, alcanzar y mantener la justicia propia habría sido una tarea agotadora, incluso para un fariseo. Cuando Nicodemo fue testigo de la transformación de la gente a su alrededor, no pudo evitar preguntarse quién era Jesús en realidad; aunque, como dijo Jesús, los milagros lo hacían evidente.

Mateo no fue el primer discípulo llamado. Tal vez fue testigo del poder de Jesús: la transformación física del paralítico y la transformación interna de gente como María y Simón. Tal vez, a pesar de su aparente indiferencia hacia los demás, estaba harto de sí mismo. Tal vez Mateo anhelaba ser renovado.

Simón también experimentó grandes cambios en su corazón y en su vida después de llegar a Jesús, aunque no fueron inmediatos. A lo largo del NT vemos el continuo crecimiento espiritual en la vida de Simón Pedro a medida que aprendía una nueva manera de ser y de vivir. Pero la mayor diferencia entre Simón y los líderes religiosos como Nicodemo era que Simón ya no intentaba ser bueno por sus propias fuerzas. Más bien, seguía a Jesús, y dependía de Su dirección y sabiduría, y de la capacidad de permanecer en Él. Dejaba que su relación con Jesús lo cambiara fundamentalmente de adentro hacia afuera.

Queda claro (y nos tranquiliza saber) que nuestros hermanos y hermanas del NT estaban en distintos niveles de crecimiento respecto a su fe en Jesús. De hecho, la transformación es lenta para algunos y más rápida para otros, según sus circunstancias o etapa de vida. Pero Jesús es paciente con cada uno de nosotros, porque sabe que cuando Dios *declara, salva y proclama*, nadie lo puede deshacer (Is. 43:11–13).

Tu turno

5. Para muchos, es difícil imaginarse un nuevo comienzo, pero ¿qué dice el Salmo 103:10–12 sobre la capacidad de Dios para perdonar y comenzar de nuevo?

6. ¿Con cuál de nuestros cuatro protagonistas te identificas más en cuanto a tu propia transformación? ¿Con María, cuya vida cambió en un instante? ¿Con Nicodemo, quien se mantuvo resistente y escéptico, tal vez hasta no dispuesto a someterse a los cambios que conllevaría seguir a Jesús? ¿Con Mateo, quien fue sincero y abierto, aunque quizás un poco más lento para dar el salto? ¿O con Simón, quien lo aceptó completamente desde temprano, pero continuó luchando mientras crecía en la fe?

7. Lee Juan 10:27–30 a continuación, y subraya todas las afirmaciones que Jesús hace sobre 1) Sí mismo, y 2) la forma en que cuida de Sus seguidores (a los que llama "ovejas"):

> Mis ovejas oyen mi voz, y yo las conozco, y me siguen, y yo les doy vida eterna; y no perecerán jamás, ni nadie las arrebatará de mi mano. Mi Padre, que me las dio, es mayor que todos y nadie las puede arrebatar de la mano de mi Padre. Yo y el Padre uno somos.

Jesús es nuestro re-creador

De modo que si alguno está en Cristo, nueva criatura es; las cosas viejas pasaron; he aquí todas son hechas nuevas. Y todo esto proviene de Dios, quien nos reconcilió consigo mismo por Cristo, [...] no tomándoles en cuenta a los hombres sus pecados, [...] Así que, somos embajadores en nombre de Cristo, como si Dios rogase por medio de nosotros [al mundo]; os rogamos en nombre de Cristo: Reconciliaos con Dios. Al que no conoció pecado, por nosotros lo hizo pecado, para que nosotros fuésemos hechos justicia de Dios en él.

2 Corintios 5:17–21

Reconciliar: restaurar relaciones; permitir la coexistencia armoniosa; hacer compatible.

Justicia: la cualidad de ser moralmente correcto o justificable.

Jesús hizo por nosotros lo que las reglas no podían. Es decir, el Hijo de Dios sin pecado guardó la ley de Moisés a la perfección y, por lo tanto, no tenía pecado propio por el cual morir; mas al guardar la ley murió por *nuestros* pecados en *nuestro* lugar. Sufrió *nuestra* justa condena. Y así, la ley expone nuestra desesperada necesidad de salvación que solo viene mediante la fe en Jesús, quien es el cumplimiento de la ley, los profetas y los pactos.

¿Y luego, qué? Mediante Jesús recibimos el perdón de los pecados y la reconciliación con Dios (¿quién dice Amén?). Pero eso no es todo, porque así dijo Dios en Isaías 43:13: "no hay quien de mi mano libre. Lo que hago yo, ¿quién lo estorbará?".

A diferencia de Israel y de todo el mundo, Dios es fiel para terminar lo que inicia, lo que significa que una vez que le pertenecemos, nada ni nadie lo puede deshacer. Aunque permanezcan las malas influencias, el trauma y el pecado, **Él también permanece.** Dios nunca nos deja, nunca nos abandona (Dt. 31:6), y continúa trabajando en nuestros corazones y nuestras mentes mientras le seguimos, transformándonos desde el interior. Así como se comprometió con Israel a pesar de sus debilidades y fracasos, también se compromete con cualquiera que crea en Aquel a quien Él envió.

ARTESANO *(inspecciona sus brazos y manos bellamente curados, les da la vuelta con asombro)*: Lo sabía, lo sabía, lo sabía. ¿Qué...? ¿Qué puedo hacer para...?
JESÚS *(en voz baja)*: No. No le digas nada a nadie.
ARTESANO *(perplejo)*: ¿No buscas Tu propio honor?
JESÚS: Solo te pediré una cosa.
ARTESANO: Pero ¿qué le diré a las personas?
JESÚS: Ve y muéstrate al sacerdote. Deja que te inspeccione para ver que estás limpio. Haz la ofrenda apropiada en el templo como Moisés ordenó, y sigue tu camino.
(Jesús se dirige a Sus seguidores).
JESÚS (CONT.): ¿A quién le sobra una túnica?
(De inmediato cada discípulo varón mete la mano en su bolso descuidadamente en busca de cualquier prenda de sobra).
JESÚS (CONT.): Solo uno de ustedes, solo uno, es suficiente.
(Tadeo se acerca, desabrocha su bolsa y saca una túnica extra).
JESÚS *(riéndose mientras ajusta la nueva túnica sobre los hombros del artesano)*: El verde definitivamente es tu color. No te queda mal.

Tu turno

8. Según 2 Corintios 5:17–21, ¿cuáles son algunas de las diferencias entre la vida antes y después de Jesús, independientemente de nuestra continua lucha contra el pecado?

9. En este episodio, Mateo hace un comentario perspicaz: "La conquista no es solo conquistar naciones; es imponer una nueva forma de vida". ¿Cómo describe esto a las personas que Jesús salva?

10. Subraya todo lo *declarado*, *proclamado* y *nuevo* en Jesús:

> Pero venida la fe, ya no estamos bajo [la ley], pues todos sois hijos de Dios por la fe en Cristo Jesús; porque todos los que habéis sido bautizados en Cristo, de Cristo estáis revestidos. Ya no hay judío ni griego; no hay esclavo ni libre; no hay varón ni mujer; porque todos vosotros sois uno en Cristo Jesús. Y si vosotros sois de Cristo, ciertamente linaje de Abraham sois, y herederos según la promesa (Gal. 3:25–29).

Enfoque de la oración

Si sigues **evaluando** la evidencia del amor indescriptible de Jesús y aún no has **llegado a la fe** en Él, **pídele** a Dios que te ayude a ver lo que es verdad para que **tomes la decisión correcta**. Si ya has **llegado a la fe** en Jesús, **agradécele** por la nueva vida que te ha dado, y pídele que te ayude **mantener el rumbo**.

Estudio adicional

- La idea de ser renovado también aparece en Isaías 43:18–19:

> No os acordéis de las cosas pasadas,
> ni traigáis a memoria las cosas antiguas.
> He aquí que yo hago cosa nueva;
> pronto saldrá a luz; ¿no la conoceréis?

Compara esto con 2 Corintios 5:17–18, donde Pablo describe la vida nueva en Jesús:

> De modo que si alguno está en Cristo, nueva criatura es; las cosas viejas pasaron; he aquí todas son hechas nuevas. Y todo esto proviene de Dios, quien nos reconcilió consigo mismo por Cristo...

- En la sanidad del hombre paralítico que fue bajado por el techo (Mc. 2:1–12; Lc. 5:17–26), Jesús relacionó Su habilidad para perdonar los pecados de las personas con Su habilidad para sanar sus cuerpos. Compara esto con lo que Dios le prometió a Israel en 2 Crónicas 7:14–18. Observa los temas comunes de perdonar, sanar y declarar.
- A veces Dios cumple Sus promesas de forma continua y progresiva. De hecho, la renovación de las cosas por Dios culminará hasta el fin de la historia, como se describe en el libro de Apocalipsis. Ahí leemos que el pecado será completamente borrado, y un cielo nuevo y tierra nueva serán establecidos para reunir a Dios con Sus elegidos. En Apocalipsis 21:1–5, Dios declaró de nuevo y por última vez: “He aquí, yo hago nuevas todas las cosas”.

Así dice JEHOVÁ, Redentor vuestro, el Santo de Israel: Por vosotros envié a Babilonia, e hice descender como fugitivos a todos ellos, aun a los caldeos en las naves de que se gloriaban. Yo JEHOVÁ, Santo vuestro, Creador de Israel, vuestro Rey.

Isaías 43:14–15

Lección 7

¿Qué significa ser elegido?

ERES ESTABLECIDO

(Mateo y su madre se sientan en un silencio incómodo, con vasos de baro llenos de agua sobre la mesa).

MATEO: ¿Alfeo llegará pronto?

ISABEL: Se fue de viaje, por el trabajo.

MATEO: ¿A dónde lo lleva el trabajo? ¿Ya no hace cosas en cuero?

ISABEL: Su negocio fue robado. Muchos negocios también. El crimen aumenta y es muy difícil reabrir.

MATEO: Amaba su negocio.

(Mateo se toma un momento. Siente el dolor de haberse perdido de tanto).

ISABEL: Pero aún tenemos un techo sobre la cabeza y es más de lo que otros tienen.

MATEO: Puedes pedirme dinero, si lo quieres.

ISABEL: ¿Cómo dices eso?

MATEO: Es muy común. Vi muchos padres que dependen solo de...

ISABEL: Tu padre no aceptaría dinero ensangrentado.

MATEO: Sé que te avergüenzas de mí, pero tu decisión es irracional. Roma cobrará siempre impuestos y yo sé de números...

ISABEL: ¿Viniste aquí a justificarte?

MATEO: ¡No, no! *(Mateo está frustrado por su incapacidad para comunicarse).* Todo es como... como la arena en el agua. Las cosas que creía que eran ciertas...

ISABEL: ¿Estás en problemas?

MATEO: ¿Crees que lo imposible puede suceder? ¿Que cambien las leyes de la naturaleza? ¿Que no se pueda explicar?

ISABEL *(sus ojos se iluminan por un recuerdo)*: Eso preguntaban cuando eras niño. Hasta los rabinos se asombraban de tu capacidad para leer, números, pensabas más rápido que otros niños. Pensaban que serías alguien grande.

MATEO *(con honestidad)*: ¿Grande en qué? Soy rico. Tengo escolta armado, confía en mí el pretor de Galilea...

ISABEL: ¡Nunca pensamos que usarías el talento que Dios te dio para atormentar a tu pueblo!

(Mateo la observa. Sabe que sus palabras deberían doler, pero no es así. De inmediato vuelve a pensar en...).

MATEO: Pero ¿alguna vez has visto algo milagroso?

ISABEL: Mateo...

MATEO: ¡¿Mateo qué?! ¿Si todo lo que pensé que sabía... estuviera mal?

ISABEL: Creo que debes irte.

Arena movediza

Vivimos en un mundo impredecible. Hay desastres naturales, ataques terroristas, accidentes automovilísticos, cáncer e incluso pandemias mundiales. Si bien existe un orden en la creación (matemáticas, ciencias, patrones, lógica), también hay caos y complejidad. ¡El 80% del océano de nuestro planeta y el 96% de la galaxia visible siguen sin explorar! Y conocemos aún menos sobre el cerebro humano; sabemos que lo tenemos y que es asombroso, pero no comprendemos toda su complejidad y potencial, ni cómo se crean y se pierden las conexiones.

La verdad es que no podemos comprender todo lo que Dios ha hecho, y ciertamente no lo podemos controlar. Y esto nos aterra. Tememos la aparente inestabilidad de la vida porque deseamos todo lo opuesto. Queremos saber que nuestras necesidades serán satisfechas. Queremos estar seguros y sanos, y saber que tendremos suficiente dinero para sobrevivir. Queremos sentir la tierra firme bajo nuestros pies. Pero en el episodio 7, llamado "Invitaciones", lo firme se desestabiliza, y el recaudador de impuestos, cuya vida era predecible, ordenada, limpia y controlada, sufre por entender.

"Todo es como la arena en el agua…".

Anímate, Mateo. Todas las cosas que no sabemos y que no controlamos nos señalan a Aquel que es, quien sí las sabe y las puede controlar.

Tu turno

1. Aunque la razón y la fe no son opuestas, expresar la fe en Dios nos invita a ir más allá de nuestros niveles finitos de comprensión y control humanos. ¿Puedes describir un momento en el que tu experiencia con Dios te invitó a ir más allá de tu propia capacidad?

Contexto del AT

A través de Isaías, Dios invitó a los israelitas antiguos a vivir con fe, pero se negaron. Así, en el 722 a. C., Asiria conquistó y llevó al exilio al reino del norte (conocido como Israel o Efraín). Dios preservó misericordiosamente al reino del sur (Judá), pero les advirtió que si seguían rebelándose contra Él sufrirían un destino similar. Y cuando persistieron en su pecado, Dios cumplió lo que había dicho.

La emergente potencia mundial conocida como Babilonia (cuya ciudad capital fue Babilonia y cuyos ciudadanos a menudo fueron llamados "caldeos") finalmente conquistó al

Llamar "caldeos" a los babilonios es algo análogo a llamar "chilangos" a los de la Ciudad de México o "gringos" a los de Estados Unidos.

reino del sur y llevó a los israelitas lejos de su tierra natal mediante varias deportaciones (ca. 605–586 a. C.). La consecuencia llegó más o menos un siglo *después* de la advertencia inicial de Isaías, pero **incluía la promesa de Dios de traerlos** de vuelta.

Isaías 13:1–14:23 también trata del juicio de Dios contra Babilonia y el rescate de Su pueblo.

Isaías 47 se trata de la humillación de Babilonia como resultado de su orgullosa, egoísta e inmisericordiosa maldad (véase también Jeremías 50–51)

Y ahora ya estamos al tanto, debido a que el mensaje en Isaías 43:14–15 es muy específico: los caldeos conquistarían al pueblo de Dios y luego se volverían ellos mismos fugitivos. El sentido de seguridad de Babilonia era resultado de su gran éxito en la navegación comercial ("las naves de que se gloriaban"), pero eran impotentes contra el Creador de los mares.

Tu turno

2. ¿Qué piensas de que Dios use gente malvada (como los babilonios) para castigar a otras personas malvadas (como los israelitas de esa época)?

Establecer: construir sobre una base firme o permanente.

3. El pecado de los israelitas condujo a su destrucción, mas Dios eligió redimirlos de nuevo, ¡y anunció Su plan de rescate mediante Isaías con más de cien años de anticipación! ¿Qué indica esto sobre la determinación de Dios por establecer a Israel como Su pueblo?

4. En Isaías 43:15, Dios se describe a Sí mismo con cuatro títulos: "Yo JEHOVÁ, Santo vuestro, Creador de Israel, vuestro Rey". ¿Qué implica cada título?

Arena o roca

La nación de Israel hizo lo que todos hacemos: trató de establecerse *por su cuenta*. Es decir, intentaron asegurar las vidas que querían con sus propias fuerzas, en sus propios términos, en su propio tiempo, lo cual solo aseguró su gran caída.

> [Jesús dijo:] Cualquiera, pues, que me oye estas palabras, y las hace, le compararé a un hombre prudente, que edificó su casa sobre la roca. Descendió lluvia, y vinieron ríos, y soplaron vientos, y golpearon contra aquella casa; y no cayó, porque estaba fundada sobre la roca. Pero cualquiera que me oye estas palabras y no las hace, le compararé a un hombre insensato, que edificó su casa sobre la arena; y descendió lluvia, y vinieron ríos, y soplaron vientos, y dieron con ímpetu contra aquella casa; y cayó, y fue grande su ruina.
>
> Mateo 7:24–27

El mundo de **María Magdalena** estuvo inundado hasta que Jesús la tomó de la mano y la colocó sobre la Roca, momento en el que comenzó a experimentar una profunda paz y un propósito por primera vez en su vida. Mientras seguía a Jesús, se volvió cada vez más segura de Su amor y aceptación, experimentando de primera mano que en Él hay sanidad de heridas pasadas, estabilidad sin importar las circunstancias y la esperanza de un futuro en el cielo.

Nicodemo sintió la inundación, pero no estaba listo para abandonar su terreno de arena (no que sepamos). Él había estado esperando y buscando la redención prometida de Dios, pero le costaba dejar sus ideas preconcebidas de cómo sería y lo que exigiría que él renunciara. Así que, al menos por el momento, decidió seguir viviendo en sus términos y con sus propias fuerzas.

"Es verdad, muchos de ustedes se rendirían. Pero lo que ganarían es mucho mayor y más duradero".

Mateo terminó por abandonar su casa de playa inundada a cambio de tierra santa porque, a diferencia de Nicodemo (o por lo menos más *pronto* que él), llegó a la conclusión de que Jesús realmente era el Redentor que esperaban. Y vaya que Mateo lo necesitaba. En lugar de seguir confiando en el dinero, el poder y la seguridad de su puesto, Mateo recurrió a Jesús.

Simón Pedro se mantuvo firme sobre la Roca. Para cuando Jesús entró en escena, Simón ya estaba muy consciente de su incapacidad para obtener y retener la estabilidad; había agotado sus propios recursos y estaba desesperado, por ello acogió un nuevo modo de vida fundamentado sobre Aquel que nunca cambia, nunca falla y nunca se cansa. Y luego Jesús lo estableció: "Y yo también te digo, que tú eres Pedro, y sobre esta roca edificaré mi iglesia; y las puertas del Hades no prevalecerán contra ella" (Mt. 16:18).

Tu turno

5. ¿De qué manera has construido tu casa sobre la arena? Recuerda, incluso después de decidir seguir a Jesús, aún somos capaces de vivir en la arena.

6. Mientras Nicodemo lucha con la decisión de seguir a Jesús en el episodio 7, cita el Salmo 2:12: "Honrad al Hijo, para que no se enoje, y perezcáis en el camino...". En verdad, morir en medio del pecado, en medio del *no* conocer a Jesús y *no* haber sido establecido en Él, sería trágico. Pero Jesús le responde a Nicodemo con el final del versículo: "...Bienaventurados todos los que en él confían". ¿Qué crees que significa "confiar" en Jesús, y cómo lo relacionas a Su enseñanza sobre construir tu vida sobre la Roca?

7. Simón se mostró (bastante) escéptico de que Mateo se conviertiera en un seguidor de Jesús (lo subestimó). ¿Alguna vez has sido como Simón, pensando que de alguna forma era tu derecho o responsabilidad juzgar a otros seguidores de Jesús?

Jesús es nuestro fundamento firme

Jesús no promete que al seguirlo evitaremos cualquier tormenta. Por el contrario, dice que *cuando* lleguen las tormentas, Sus seguidores seguirán de pie por estar sobre un fundamento firme. ¿Esto qué significa?

- **El Espíritu Santo vive en nosotros.** ¡Piensa en eso! Dios reside en nuestros corazones y nuestras mentes, por lo que nunca estamos sin Su presencia, Su poder, Su amor, Sus recursos o Su sabiduría. "Y yo rogaré al Padre, y os dará otro Consolador, para que esté con vosotros para siempre: el Espíritu de verdad, al cual el mundo no puede recibir, porque no le ve, ni le conoce; pero vosotros le conocéis, porque mora con vosotros, y estará en vosotros" (Jn. 14:16–17).

- Nuestras necesidades serán satisfechas. Cuando edificamos nuestra vida sobre el fundamento firme que es Cristo Jesús, podemos confiar en que proveerá lo que necesitamos. "No os afanéis, pues, diciendo: ¿Qué comeremos, o qué beberemos, o qué vestiremos? Porque los gentiles buscan todas estas cosas; pero vuestro Padre celestial sabe que tenéis necesidad de todas estas cosas. Mas buscad primeramente el reino de Dios y su justicia, y todas estas cosas os serán añadidas" (Mt. 6:31–33).
- Dios cumplirá Sus propósitos. No importa lo que pase en nuestra vida o en el mundo que nos rodea, Dios tiene el control. Así como usó a los babilonios para llevar a cabo Su plan, Él continúa trabajando en todas las cosas por el bien de Su reino y Su pueblo escogido. "Acordaos de esto, y tened vergüenza; volved en vosotros, prevaricadores. Acordaos de las cosas pasadas desde los tiempos antiguos; porque yo soy Dios, y no hay otro Dios, y nada hay semejante a mí, que anuncio lo por venir desde el principio, y desde la antigüedad lo que aún no era hecho; que digo: Mi consejo permanecerá, y haré todo lo que quiero; que llamo desde el oriente al ave, y de tierra lejana al varón de mi consejo. Yo hablé, y lo haré venir; lo he pensado, y también lo haré" (Is. 46:8–11).

Y eso es solo el comienzo.

La estabilidad y la seguridad que anhelamos no viene del dinero, las relaciones, la salud ni los sueños cumplidos, porque todo eso va y viene. No se puede depender de las cosas externas para proveer la paz y seguridad inherentes a un fundamento firme. Jesús *es* ese fundamento firme, el Creador a cargo de todo y Aquel que promete nunca dejarnos, abandonarnos ni fallarnos. Eso no significa que la vida siempre saldrá como queramos; Dios, en Su sabiduría, a veces permite cosas difíciles. Sí significa que, debido a que es tanto soberano como bueno, Él usará *todas las cosas* para nuestro bien y Su gloria. Y nos mantendrá en pie durante la tormenta.

JESÚS: Mateo, hijo de Alfeo.

(Mateo se acerca a la luz. Ve a Jesús a los ojos).

MATEO: ¿Sí?

JESÚS: Sígueme.

MATEO *(captando la orden)*: ¿Yo?

JESÚS *(se ríe)*: Sí, tú.

SIMÓN *(da un paso hacia Jesús)*: ¿Qué sucede?

MATEO: ¿Tú quieres que me una?

GAIUS *(da medio paso hacia adelante)*: Sigue tu camino, predicador.

(Jesús no deja de mirar a Mateo con una sonrisa).

SIMÓN: ¿Tienes alguna idea de lo que él hizo? ¿Tú lo conoces?

(Mateo mira a Jesús, igual de atento a la respuesta).

JESÚS *(sin mover Su mirada)*: Sí.

(De inmediato, las cargas, confusión y culpa de Mateo lo dejan a una. Se ve genuinamente feliz. Recoge sus cosas).

GAIUS: Oye, te dije que...

(El sonido de Mateo abriendo la puerta lateral lo interrumpe. Mateo sale de la caseta, con una tabla bajo el brazo).

GAIUS (CONT.): ¿Qué estás haciendo?

(Mateo cierra la puerta con llave y le ofrece la llave a Gaius. Gaius lo agarra por la camisa y lo retiene).

GAIUS (CONT.): ¿A dónde crees que vas?

MATEO: Gaius, quiero hacerlo.

GAIUS: ¿Perdiste la razón? Tienes dinero. Quintus te protege. Ningún judío vive como tú. ¿Vas a dejar todo eso?

MATEO *(se libra y sonríe)*: Sí.

Tu turno

8. ¿Qué tormentas hay en tu vida?

9. Lee Colosenses 2:6–7. Explica la diferencia entre haber escuchado de Jesús y ser un seguidor establecido.

10. Retrocedamos un momento. Durante la plaga de serpientes venenosas sobre los israelitas rebeldes, Dios le dijo a Moisés que pusiera una serpiente de bronce sobre un asta e instruyera a los israelitas moribundos pero arrepentidos a manifestar Su fe en Él volteando a ver la serpiente (Nm. 21:4-9). Era una imagen de la redención total que Dios proveería mediante la fe en Jesús, solo si la gente moribunda, pero arrepentida, lo volteara a ver. ¿Cómo cambiarían tus circunstancias si voltearas hacia Jesús en vez de fijarte solo en tus problemas?

Enfoque de la oración

Agradece a Dios por Su obra redentora en las vidas de los israelitas del AT mientras esperaban al Mesías prometido. **Agradécele** por enviar a Jesús, el Redentor Perfecto, sobre el cual puedes establecer tu vida. **Pídele** al Señor fe en constante crecimiento para **permanecer** sobre tierra firme en gratitud al Santo, tu Creador, tu Rey. **Ora** por alguien que conozcas cuyo hogar siga sobre arenas movedizas.

Estudio adicional

- Lee Proverbios 16:1–5, y observa cómo se mencionan varios temas que hemos discutido en la lección 7. Estos incluyen el control de Dios sobre los logros de Su pueblo, Su capacidad de obrar incluso a través de gente malvada, Su soberanía y la invitación a depender solo de Él para el éxito.
- Incluso el éxito de Babilonia al conquistar otras naciones fue algo que Dios permitió para Sus propósitos (véanse las predicciones en Is. 39:5–7 y Jer. 21:1–10, y su cumplimiento en 2 Re. 24–25 y 2 Cr. 36:5–21). Los caldeos también fueran malvados (Is. 47:5–7), por lo que el que tiene el control de todas las cosas prometió castigarlos por su orgullo impío y redimir a un remanente representativo de Su pueblo (Is. 48:12–22; Hab. 1–3).
- Lee 1 Corintios 10. Compara las advertencias de Dios al pueblo pecador del AT con las advertencias de Pablo al pueblo pecador del NT (en este caso, algunos miembros de la iglesia en Corinto). Claro, el mensaje de Pablo también es para nosotros, porque todos sentimos la tentación de vivir según nuestros propios términos, sin importar el siglo en que estemos.

Así dice JEHOVÁ, el que abre
camino en el mar, y senda en
las aguas impetuosas; el que
saca carro y caballo, ejército y
fuerza; caen juntamente para
no levantarse; fenecen, como
pábilo quedan apagados.
No os acordéis de las cosas
pasadas, ni traigáis a memoria
las cosas antiguas. He aquí que
yo hago cosa nueva; pronto
saldrá a luz; ¿no la conoceréis?
Otra vez abriré camino en el
desierto, y ríos en la soledad.

Isaías 43:16–19

Lección 8

¿Qué significa ser elegido?

ERES LLEVADO

ANDRÉS: ¿Qué ciudad es esa?

MATEO: Jezreel, el pueblo más al sur en Galilea. De ahí iremos hacia el este hasta el río Jordán.

(Jesús pasa junto a ellos en una dirección diferente).

SANTIAGO EL MAYOR: Rabino, ¿a dónde vas?

ANDRÉS: ¿Necesitas algo?

JESÚS: Es por aquí, amigos.

(Se apresuran a alcanzarlo).

MATEO: Lo siento, pero el mapa dice que Jezreel está a dos millas al sudeste de aquí, y tiene un camino que va al río Jordán. Debemos ajustar nuestro curso 30 grados por...

JESÚS: No iremos por el Jordán. Iremos por Samaria.

(Todo el grupo siente incredulidad).

ANDRÉS: ¿Estás bromeando?

JESÚS: Hay un lugar en donde quiero parar. Además, acorta nuestro camino a la mitad.

MATEO: Y aumentan los chances de que nos ataquen casi al doble.

JESÚS: ¿Es un número exacto?

> ANDRÉS: Perdone, Maestro, pero es más seguro rodear Samaria por el río Jordán en la Decápolis.
>
> JESÚS: ¿Se unieron a Mí por seguridad?
>
> SANTIAGO EL MAYOR: Pero, Rabino, son samaritanos.
>
> JESÚS: Es cierto, Gran Santiago. ¿Cuál es el punto?
>
> SANTIAGO EL MAYOR: Rabino, esa es la gente que profanó nuestro templo, destruyeron todo. Ellos llegaron y...
>
> JUAN: Lucharon contra nosotros con los seléucidas en las guerras macabeas. Yo ni siquiera he hablado con un samaritano.
>
> JESÚS: Nosotros destruimos su templo cien años atrás. Y ninguno de ustedes estuvieron presentes en todas esas cosas. Escuchen, si tendremos una sesión de preguntas y respuestas cada vez que hagamos algo fuera de lo convencional este será un viaje bastante molesto para todos.

Algo nuevo

La mayoría de nosotros solemos desconfiar de las cosas nuevas. La familiaridad es cómoda y predecible, mientras que el cambio trae lo desconocido, y lo desconocido es aterrador, extraño, incómodo e impredecible. Pero someternos a Jesús como Señor no deja mucho espacio para que las cosas queden iguales, dado Su compromiso por cambiar nuestros corazones, nuestras vidas y el mundo entero.

En el episodio 8 de *The Chosen*, llamado "Yo soy Él", los discípulos se enfrentan al cambio. Un cambio radical, de hecho. Pasaron de vivir en casas a vivir en tiendas; de ganarse la vida a depender de Jesús para mostrarles el camino —espiritual y literalmente— ya que lo seguían de pueblo en pueblo; de hacer planes para sus vidas a no tener más plan que servir a Dios por el *resto* de sus vidas.

Tanto cambio habría sido debilitantemente aterrador.

Excepto por el hecho de que no lo era.

Tu turno

1. ¿A qué cosa nueva temes que Jesús te pueda guiar? (Trabajo misionero, adopción, terminar una relación tóxica, compartir tu fe, dejar tu trabajo... Hay tantas opciones aterradoras; siéntete libre de escribir más de una).

Contexto del AT

A lo largo de este estudio, hemos citado la historia del AT de cómo Dios rescató a Sus elegidos de la esclavitud en Egipto. El éxodo fue una parte muy importante de la historia israelita; el evento a menudo se recuenta tanto en el AT como en las escuelas dominicales, sermones y hasta en las películas (aunque Hollywood aún no le ha hecho justicia... en fin). De hecho, setecientos años después de que ocurriera, Isaías también lo recordó: "Así dice JEHOVÁ, el que abre camino en el mar, y senda en las aguas impetuosas; el que saca carro y caballo, ejército y fuerza; caen juntamente para no levantarse; fenecen, como pábilo quedan apagados. [...] Otra vez abriré camino en el desierto, y ríos en la soledad" (Is. 43:16–17, 19).

Recordar = las plagas, la partición del mar Rojo, la presencia de Dios en una nube de día y en fuego de noche, la provisión de comida y agua en el desierto, etc.

Y luego Dios les dijo que lo olvidaran todo.

"No os acordéis de las cosas pasadas, ni traigáis a memoria las cosas antiguas. He aquí que yo hago cosa nueva; pronto saldrá a luz; ¿no la conoceréis?" (Is. 43:18–19). Usando palabras que evocaban Su rescate pasado, Dios les instruyó específicamente que no recordaran ese rescate. Suena paradójico, pero Él no quería que Israel celebrara su historia a costa de su futuro. Él no quería que pensaran que el Dios de milagros era cosa del pasado. Más bien, les estaba pidiendo que siguieran a Aquel que hace cosas nuevas, abre nuevos caminos y lleva a Su pueblo escogido.

Tu turno

2. ¿Por qué era importante que los israelitas recordaran la fidelidad de Dios en el pasado? ¿Por qué era importante también que no se quedaran en el pasado?

3. Lee Jeremías 16:14–15. Isaías no fue el único profeta que habló sobre el Señor haciendo algo nuevo. Mientras el pueblo de Judá era llevado cautivo por Babilonia, el profeta Jeremías dio un mensaje similar. ¿Qué cosa nueva quería Dios que su pueblo pudiera decir?

4. A lo largo del AT, Dios llamó a personas para hacer cosas que debían haber sido debilitantes, pero no lo fueron porque Él llevó a la gente que llamó. Personas como Abraham (Gn. 12:1–3), Jacob (Gn. 46:2–4), Moisés (Ex. 33:12–17) y David (1 Sam. 17:20–49) lograron cosas imposibles porque Dios obró a través de ellos, haciendo posible lo imposible. ¿Qué impacto tiene su fe *más la disposición de Dios y Su capacidad para llevarlos* sobre tu camino de fe?

Todoterreno

> Habiendo reunido a sus doce discípulos, les dio poder y autoridad sobre todos los demonios, y para sanar enfermedades. Y los envió a predicar el reino de Dios, y a sanar a los enfermos. Y les dijo: No toméis nada para el camino, ni bordón, ni alforja, ni pan, ni dinero; ni llevéis dos túnicas. Y en cualquier casa donde entréis, quedad allí, y de allí salid. Y dondequiera que no os recibieren, salid de aquella ciudad, y sacudid el polvo de vuestros pies en testimonio contra ellos. Y saliendo, pasaban por todas las aldeas, anunciando el evangelio y sanando por todas partes.
>
> Lucas 9:1–6

Los seguidores de Jesús en el NT estaban presenciando el comienzo de algo nuevo y mejor, pero requirió que miraran hacia adelante, que literalmente *avanzaran*, para así poner su fe en acción: fe en que podían confiar en Jesús cuando les diera instrucciones concretas; fe en que Dios ciertamente supliría sus necesidades al servirle; fe en que Él seguiría enseñándoles y haciéndoles crecer espiritualmente, capacitándolos para lograr más de lo que jamás habían imaginado; fe en que la fuerza de Aquel que partió el mar Rojo compensaría por mucho sus debilidades en el camino; fe en que así como Dios llevó a la nación de Israel, los llevaría a ellos.

No había otra manera. Si querían ir con Jesús, tenían que dejar su antigua forma de hacer las cosas. Tenían que ceder el control y confiar que Él haría el resto. Spoiler: así lo hizo.

María Magdalena era una mujer soltera con un pasado traumático. Pero siguió a Jesús de pueblo en pueblo, intercambiando la familiaridad de su hogar por lo desconocido junto a su Salvador, es decir que confiaba en Jesús no solo para su salud física, sino también para su continua santificación. Y con el tiempo, se volvió cada vez menos como su antiguo ser y más como Aquél a quien seguía.

Santificación: ser hecho santo (apartado) o justo.

Nicodemo no llegó a "caminar con Jesús", pero esto no significa que nunca confió en Él como Señor. Oh, qué alivio hubiera sido para nuestro querido fariseo, tan preocupado por adherirse a la ley y ser "bueno", caer a los brazos de su Redentor. Ser llevado por el Único capaz de la verdadera bondad, de restaurar corazones desesperados y de guiar a los elegidos de Dios a la Tierra Celestial Prometida.

Mateo debió haber experimentado un momento difícil cuando Jesús dio órdenes de marcha muy específicas, y muy aterradoras. Él envió a los discípulos al campo a hacer lo que lo habían visto hacer, sin comida ni refugio. Fueron instruidos a ir sin más que las camisas en la espalda. En esencia, el plan era "no llevar nada porque todo se les suplirá cuando lo necesiten". Para alguien como Mateo, quien antes gozaba de la seguridad del dinero más que muchos, sin duda habría sido una prueba de fe.

Pero el poder de Jesús lo llevó.

Dada la autosuficiencia de **Simón**, la idea de ser llevado pudo haber sido algo extraño, incluso poco atractivo. Muchas veces a lo largo del NT, lo vemos intentando seguir al Mesías por sus propias fuerzas, solo para caerse y fallar, pero Jesús persistió porque el aprender a depender de Él era lo más importante que Simón necesitaba para participar en la construcción del reino. Y por la gracia de Jesús y Su fuerza, Simón Pedro lo pudo lograr:

> Y los que creían en el Señor aumentaban más, gran número así de hombres como de mujeres; tanto que sacaban los enfermos a las calles, y los ponían en camas y lechos, para que al pasar Pedro, a lo menos su sombra cayese sobre alguno de ellos. Y aun de las ciudades vecinas muchos venían a Jerusalén, trayendo enfermos y atormentados de espíritus inmundos; y todos eran sanados (Hch. 5:14–16).

Los primeros discípulos sabían mejor que nadie que su poder provenía de Jesús. Separados de Él no podían hacer nada, porque Jesús abría el camino.

Tu turno

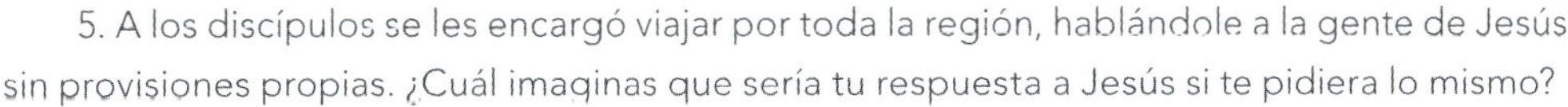

5. A los discípulos se les encargó viajar por toda la región, hablándole a la gente de Jesús sin provisiones propias. ¿Cuál imaginas que sería tu respuesta a Jesús si te pidiera lo mismo?

6. ¿De qué tipo de cosas crees que Nicodemo se perdió por *no* seguirle cuando otros sí? Al igual que él, ¿de qué manera tratas de vivir por tus propias fuerzas y a tu modo?

7. Lee Isaías 46:3–4. Dios le dijo explícitamente a Su pueblo escogido que los llevaría todos los días de su vida. Al conocer sobre Sus milagros pasados y escuchar Su promesa de permanecer junto a Su pueblo escogido, ¿cómo te inspiran estos versículos a seguir adelante?

Jesús abre nuestros caminos

Jesús no nos pide que hagamos nuestro propio camino. Nos pide que dejemos que *Él* guíe, capacite y provea. Sin embargo, solemos sentir que se nos exige mucho, porque, a decir verdad, así es. Al igual que Sus primeros seguidores, debemos poner nuestra fe en Jesús y seguirlo con todo el corazón, lo que puede ser difícil porque implica abandonar nuestros planes y metas, así como la predictibilidad y familiaridad que ofrecen. Pero, al igual que Sus primeros seguidores, no podemos hacer nada solos. Corrección: Lo que *sí podemos* hacer es ceder, y seguirle a donde Jesús nos lleve. Él es el que realmente hace todas las cosas, incluyendo el cambio fundamental desde el interior.

> Pues mirad, hermanos [y hermanas], vuestra vocación, que no sois muchos sabios según la carne, ni muchos poderosos, ni muchos nobles; sino que lo necio del mundo escogió Dios, para avergonzar a los sabios; y lo débil del mundo escogió Dios, para avergonzar a lo fuerte; y lo vil del mundo y lo menospreciado escogió Dios, y lo que no es, para deshacer lo que es, a fin de que nadie se jacte en su presencia. Mas por él estáis vosotros en Cristo Jesús, el cual nos ha sido hecho por Dios sabiduría, justificación, santificación y redención; para que, como está escrito: El que se gloría, gloríese en el Señor.
>
> 1 Corintios 1:26–31

Así como Dios abrió caminos y ríos por el desierto en los días del AT, y así como Jesús hizo que los cojos caminaran y que los ciegos vieran en el NT, así continúa abriendo el camino. El Dios de milagros no es cosa del pasado; Él hace cosas nuevas en y mediante nosotros, construyendo Su reino y cumpliendo Su buena y perfecta voluntad desde el principio de los tiempos hasta el fin. Nada es demasiado grande para Él, lo que significa que nada es demasiado grande para aquellos de nosotros que estamos bajo Su cuidado. Pertenecemos al Dios viviente, y Su Hijo nos lleva.

PHOTINA: No soy la persona indicada.

JESÚS: Vine a Samaria solo para conocerte. ¿Crees que es un accidente que esté aquí en medio de la nada?

PHOTINA: Soy rechazada por todos.

JESÚS: Lo sé. Pero no por el Mesías.

PHOTINA: ¿Y sabes todo eso porque Tú eres el Cristo?

(Jesús asiente).

PHOTINA (CONT.) *(comenzando a llorar)*: Iré a decirle a todos.

JESÚS: Contaba con eso.

(Ella retrocede sin romper su mirada con Jesús).

PHOTINA: ¿Espíritu y verdad?

JESÚS: Espíritu y verdad.

PHOTINA: ¿No será solo en montañas o en templos?

JESÚS *(asintiendo)*: Pronto... solo el corazón.

PHOTINA: ¿Lo prometes?

JESÚS: Lo prometo.

(Los discípulos llegan con comida del pueblo. Se detienen bruscamente y contemplan la escena: Jesús y la mujer mirándose a distancia. Ella da vuelta para correr y los ve).

PHOTINA *(gritando)*: ¡Este hombre me dijo todo lo que he hecho! ¡Tiene que ser el Cristo!

(La miran. María sonríe. Photina sale corriendo).

ANDRÉS: ¡Oye, espera!

SANTIAGO EL MAYOR: ¡Tu agua!

JUAN: Olvidaste tu...

(Ella no lo oye. A lo lejos se escucha cómo grita).

PHOTINA: ¡Vengan a ver al hombre que me dijo todo lo que hice!

(Jesús se ríe maravillosamente mientras la ve correr).

SANTIAGO EL MENOR: Rabino, trajimos comida. ¿Qué te gustaría?

JESÚS: Am, ya tengo comida que no sabían que tenía.

ANDRÉS: ¿Quién te trajo comida?

SIMÓN: Un momento. ¿Se lo dijiste? ¿Para que le diga al resto?

TADEO: ¿Qué comida?

JESÚS: Mi comida es hacer la voluntad del que me envió, y el cumplir con Su obra.

SIMÓN: ¿Le dijiste quién eres?

(Jesús mira a Simón, sonríe y asiente).

SIMÓN (CONT.): ¿Eso significa que...?

JESÚS: Significa que nos quedaremos aquí unos días. Hemos sembrado por mucho tiempo, los campos ya pueden ser cosechados.

SIMÓN: Entonces, ¿es hora?

JESÚS: Vámonos.

Tu turno

8. Haz una lista de cualquier cosa que actualmente se te dificulta, luego revisa tu lista y escribe los atributos correspondientes de Jesús de este estudio, atributos que son mayores y más poderosos que lo que te preocupa. (Jesús es nuestro Salvador, Proveedor, Guardián, Líder, Rey, Re-creador, Fundamento firme y Hacedor de caminos).

9. Lee Hebreos 12:1–3. Explica lo que significa que Jesús sea el "autor y consumador" de tu fe.

10. ¿Qué cosa tangible te podría estar pidiendo Dios que digas o hagas para poner tu fe en acción?

Enfoque de la oración

Agradécele a Dios por Su promesa de guardar y llevar a Su pueblo escogido. **Pídele** a Jesús, el autor y consumador de tu fe, que **siga cambiándote** desde el interior, para que cada día seas más como Él. **Pídele** oportunidades para **hacer cosas difíciles** en Su nombre y en Su poder, el mismo poder que partió el Mar Rojo. **Alábale** por permitirte ser parte de la construcción de Su reino, así como los que te han precedido.

Estudio adicional

- El Salmo 106 es un canto de celebración de los israelitas del AT por el amor persistente de Dios (106:1–5) y menciona específicamente que Dios los eligió a pesar de su indignidad, su obstinada desobediencia y su fe imperfecta e intermitente (106:6–43). En todo esto, el éxodo resalta como el modelo ideal de la obra redentora de Dios, por lo que a Moisés se le llama el "escogido de Dios" para ejercer como líder de los israelitas (106:23). El salmo termina celebrando de nuevo la fidelidad de Dios para llevar a Su pueblo (106:44–48), la cual se completa en Jesús.
- En Lucas 9:28–36, Jesús experimentó una transfiguración que tres de Sus discípulos presenciaron, en donde habló con Moisés y Elías sobre la próxima partida que llevaría a cabo en Jerusalén (la palabra griega para "partida" es *éxodo*, ¡¿ves la relación?!). Al final de su conversación, Dios habló desde una nube para decirle a los seguidores: "Este es mi Hijo

amado; a él oíd" (9:35). Cuando la nube se levantó, los héroes de la fe del AT desaparecieron, y Jesús se halló solo (9:36).

¡Qué intenso!

- La ascensión de Jesús en Hechos 1:9–11 quizás fue un poco más familiar para los tres discípulos que ya habían presenciado la transfiguración: Jesús cubierto por una nube y la aparición de figuras celestiales. Sin embargo, en lugar de que Jesús permaneciera sobre la tierra como lo hizo en Lucas 9, Su ascensión en Hechos 1 indicó Su partida al cielo, y Sus seguidores elegidos se quedaron. No obstante, Jesús los había preparado para Su partida y prometió permanecer con ellos mediante el Espíritu Santo, o Consolador (Hch. 1:4–8; Jn. 14:15–17, 25–29; 16:7–15). Observa bien Hechos 1:8: "pero recibiréis poder, cuando haya venido sobre vosotros el Espíritu Santo, y me seréis testigos en Jerusalén, en toda Judea, en Samaria, y hasta lo último de la tierra". Pocos días después, los seguidores de Jesús sí recibieron Su poder mediante el Espíritu Santo, lo que les permitió continuar incluso después de que Él ascendiera al cielo. Esto significó que no se quedaron solos; fueron preparados, enviados y llevados.

Las fieras del campo me honrarán, los chacales y los pollos del avestruz; porque daré aguas en el desierto, ríos en la soledad, para que beba mi pueblo, mi escogido. Este pueblo he creado para mí; mis alabanzas publicará.

Isaías 43:20–21

Conclusión

¿Qué significa ser elegido?

ERES UN INSTRUMENTO DE ADORACIÓN

¿Para qué estudiar un pasaje del libro de Isaías en el Antiguo Testamento si la vida de Jesús se narra en el Nuevo Testamento? Bueno, después de pasar ocho semanas aprendiendo sobre la historia de la relación entre Dios y Su pueblo escogido (nuestros antepasados espirituales, para bien o para mal), así como la fidelidad interminable de Dios para Su pueblo escogido a través de Jesús y hasta la actualidad, la respuesta suena un poco más obvia que al principio:

Porque Dios lo merece.

Y porque somos preservados por él.

La tendencia de Israel de errar, y todas las consecuencias que enfrentaron por ello, es como una lumbrera para el resto de nosotros, una advertencia de permanecer cerca del Dios de nuestra salvación. Criticamos a Israel por su insensatez y la dureza de su corazón, pero somos igual a ellos. Somos ridículos y llenos de pecado, fácilmente extraviados, rotos, egocéntricos, y con gran necesidad de salvación. Pero así como ellos, hemos

"Cuando llegaban ya cerca [...] toda la multitud de los discípulos, gozándose, comenzó a alabar a Dios a grandes voces por todas las maravillas que habían visto, diciendo: ¡Bendito el rey que viene en el nombre del Señor; paz en el cielo, y gloria en las alturas!

Entonces algunos de los fariseos de entre la multitud le dijeron: Maestro, reprende a tus discípulos.

Él, respondiendo, les dijo: Os digo que si éstos callaran, las piedras clamarían" (Lc. 19:37–40).

...y también las bestias y fieras y avestruces, porque si el pueblo no clama, ¡el resto de la creación lo hará!

sido llamados por Aquel cuyo amor y fidelidad interminables abrieron el camino para que regresemos y seamos restaurados. Y para siempre.

Ojalá lo hiciéramos, porque Él es tan, tan bueno.

Él es digno de nuestra adoración.

Dios es paciente. "El Señor no retarda su promesa, según algunos la tienen por tardanza, sino que es paciente para con nosotros, no queriendo que ninguno perezca, sino que todos procedan al arrepentimiento" (2 Pe. 3:9).

Dios es misericordioso. "Pero Dios, que es rico en misericordia, por su gran amor con que nos amó, aun estando nosotros muertos en pecados, nos dio vida juntamente con Cristo (por gracia sois salvos)" (Ef. 2:4–5).

Dios es generoso. "Y juntamente con él nos resucitó, y asimismo nos hizo sentar en los lugares celestiales con Cristo Jesús, para mostrar en los siglos venideros las abundantes riquezas de su gracia en su bondad para con nosotros en Cristo Jesús" (Ef. 2:6–7).

Dios es justo. "Pero Dios, habiendo pasado por alto los tiempos de esta ignorancia, ahora manda a todos los hombres en todo lugar, que se arrepientan; por cuanto ha establecido un día en el cual juzgará al mundo con justicia, por aquel varón a quien designó, dando fe a todos con haberle levantado de los muertos" (Hch. 17:30–31).

Propiciación: el sacrificio expiatorio de Cristo que satisface la ira de Dios contra el pecado y quita nuestra culpa.

Dios es amor. "En esto se mostró el amor de Dios para con nosotros, en que Dios envió a su Hijo unigénito al mundo, para que vivamos por él. En esto consiste el amor: no en que nosotros hayamos amado a Dios, sino en que él nos amó a nosotros, y envió a su Hijo en propiciación por nuestros pecados" (1 Jn. 4:9–10).

La bondad de Dios y Su dignidad de ser adorado se han manifestado por completo en Sus obras por Su pueblo escogido, desde la creación hasta ahora. En el AT, guió a Israel mediante profetas como Isaías y a través de milagros como el mar Rojo, todos los cuales apuntan hacia Jesús, quien es la *máxima* evidencia del amor de Dios, porque se dio a Sí mismo para llevarnos a Él.

¿Cómo podríamos *no* adorarle?

Fuimos formados por Dios para "publicar Sus alabanzas" (Is. 43:21). ¡Ese es nuestro propósito! Cualquier otro anhelo terrenal es incapaz de satisfacernos porque fuimos creados para adorar; está en nuestro ADN espiritual. Fuimos hechos para estar en comunión con Dios, diseñados para que solo Él nos satisfaga y para glorificarlo solo a Él. Y mediante Jesús y el poder de Su Espíritu Santo en nosotros, *y debido a quién es Él*, obtenemos una identidad nueva, y nos hacemos más como Jesús y menos como lo que *solíamos* ser.

Somos llamados porque Él es nuestro Salvador.
Descansamos porque Él está presente.
Somos amados porque Él es nuestro Guardián.
Cambiamos de rumbo porque Él es nuestro Líder.
Somos testigos porque Él es nuestro Rey.
Somos renovados porque Él es nuestro Re-creador.
Somos establecidos porque Él es nuestro Fundamento firme.
Somos llevados porque Él es nuestro Hacedor de caminos.
Somos instrumentos de adoración porque Él es Digno.

Somos elegidos.

NOTAS

NOTAS

NOTAS

NOTAS

NOTAS

ACERCA DE LOS AUTORES

Amanda Jenkins es autora, oradora y madre de cuatro hijos. Ha escrito seis libros, entre ellos *Confessions of a Raging Perfectionist*, una autobiografía que ha inspirado conferencias y estudios bíblicos para mujeres en todo Estados Unidos. Se especializa en escribir y enseñar sobre la cruda autenticidad de nuestra fe, y es la principal creadora del contenido extra de *The Chosen*, incluyendo los libros devocionales *The Chosen*, volúmenes I y II, y los libros infantiles *The Chosen: Jesus Loves the Little Children* y *The Shepherd*. Vive a las afueras de Chicago con sus hijos y su esposo, Dallas, creador de *The Chosen*.

Dallas Jenkins es cineasta, autor, conferencista y padre de cuatro hijos. En los últimos veinte años, ha dirigido y producido más de una docena de películas para compañías como Warner Brothers, Lionsgate, Universal Studios y Hallmark Channel. Ahora es el creador de *The Chosen*, el primer programa multi-temporada sobre la vida de Jesús y el proyecto de medios de mayor financiamiento colectivo de la historia. También es coautor de los libros devocionales superventas de *The Chosen*.

El consultor bíblico evangélico oficial para la serie *The Chosen*, **Douglas S. Huffman** (PhD, Trinity Evangelical Divinity School) es profesor del Nuevo Testamento y decano asociado de Estudios Bíblicos y Teológicos en la Escuela Talbot de Teología (Universidad de Biola) en California. Se especializa en griego del Nuevo Testamento, Pensamiento Cristiano y Lucas–Hechos, y es el autor de *Verbal Aspect Theory and the Prohibitions in the Greek New Testament* y *The Handy Guide to New Testament Greek*, editor colaborador de libros como *God Under Fire: Modern Scholarship Reinvents God*, *How Then Should We Choose? Three Views on God's Will and Decision Making* y *Christian Contours: How a Biblical Worldview Shapes the Mind and Heart*, y contribuidor en varias revistas teológicas y obras de referencia. El Dr. Huffman aparece en la "Mesa redonda bíblica" de *The Chosen* en la aplicación *The Chosen*. Le gusta trabajar con estudiantes de pregrado de Biola, señalando a las Escrituras como la Palabra de Dios para la actualidad.